U0684517

系统性风险监测模型研究及实现

以有色金属期货市场为例

沈虹 著

江苏人民出版社

图书在版编目(CIP)数据

系统性风险监测模型研究及实现:以有色金属期货
市场为例/沈虹著. --南京:江苏人民出版社,
2021.10

ISBN 978 - 7 - 214 - 26176 - 2

Ⅰ.①系… Ⅱ.①沈… Ⅲ.①有色金属-期货交易-
风险管理-研究-中国 Ⅳ.①F724.742

中国版本图书馆 CIP 数据核字(2021)第 194903 号

书 名	系统性风险监测模型研究及实现——以有色金属期货市场为例
著 者	沈 虹
责 任 编 辑	于 辉
装 帧 设 计	许文菲
责 任 监 制	陈晓明
出 版 发 行	江苏人民出版社
地 址	南京市湖南路 1 号 A 楼,邮编:210009
照 排	江苏凤凰制版有限公司
印 刷	南京新洲印刷有限公司
开 本	718 毫米×1 000 毫米 1/16
印 张	11.75 插页 2
字 数	180 千字
版 次	2021 年 10 月第 1 版
印 次	2021 年 10 月第 1 次印刷
标 准 书 号	ISBN 978 - 7 - 214 - 26176 - 2
定 价	68.00 元

(江苏人民出版社图书凡印装错误可向承印厂调换)

Contents

目 录

Contents

插图清单

附表清单

绪　论

现代金融体系的稳定是整个经济系统健康运行不可或缺的核心环节。自 2007 年金融危机爆发之后,随着对系统性风险研究的不断深入,学界及业界对系统性风险的定义有了较为统一的认识。国际货币基金组织(IMF)、金融稳定委员会(FSB)和国际清算银行(BIS)认为系统性风险是指可能导致金融体系部分或全部受到损害进而致使大范围金融服务紊乱并给实体经济造成严重影响的风险(FSB、IMF、BIS,2011)。长期以来,金融监管机构一直致力于使用各种措施以维持金融市场的稳定。对维持金融体系稳定负有责任的监管者来说,系统性风险是至关重要的,系统性风险的衡量也给监管者、业界及学界带来了较大挑战。在一定程度上,不能有效的评估和衡量系统性风险也是导致金融危机发生的原因之一(Alessandri et al.,2009)。

近年来,我国期货市场交易持续活跃、规模稳步扩大,市场功能及其辐射影响力显著增强。然而,期货市场暴涨暴跌现象时有发生。例如,"国储铜"事件、国债期货"327"事件、上海"天然橡胶风波"事件以及"原油宝"事件都使得市场及投资者遭受到严重损害。不仅如此,随着我国金融改革的不断深化,国内期货市场与国外市场之间的联系更加紧密,国外市场的风险溢出为国内期货市场的系统性风险发生提供新的途径(Hammoudeh et al.,2013)。

如何度量及防范期货市场的系统性风险,理论界主要从期货市场交易量与价格波动之间的动态关系、期货市场与现货市场的波动溢出,以及Value-at-Risk(简称为 VaR)方法在期货风险管理中的应用等方面加以阐述(张金清和刘庆富,2006;刘庆富和华仁海,2012;Gregor and Hendrik,2013;Li,2015)。而实务界则主要通过调整保证金、协同熔断机制等方式来防范该市场系统性风险的发生。

另一方面,人工智能技术的兴起、完善和大规模金融数据的产生,为构建更有效的系统性风险监测模型提供了新的研究方向。信息技术快速发展的过程中,爆发式增长的金融数据是进行全球金融监管的重要资源。收集金融数据,结合人工智能、统计分析、数据挖掘等手段及算法判断和识别金融变量的变化趋势是当今量化投资金融风险的研究热点之一。作为人工智能的代表技术,机器学习挖掘变量之间非线性关系的能力可以有效提高金融预测的表现(Dhar,2010;Dunis,2015;Gu,2018;李斌等,2019)。

因此,本书基于当前系统性风险度量的主流模型展开关于中国期货市场系统性风险度量及预测等一系列研究工作,建立基于深度神经网络的系统性风险监测模型,为金融市场的风险防范提供新的方法,为国内外期货市场的风险管理提供可度量及动态监测的工具,具有重要的理论和实践意义。本书的研究内容将分为以下四个部分:第一部分是基于 Copula-CoVaR 模型对国内外有色金属期货市场风险溢出效应进行度量;第二部分是基于独立成分分析法,建立 ICA-TGARCH-M 模型,对 2008 年美国次债危机爆发前后国内外期货市场风险溢出效应展开研究;第三部分是在 CAViaR 模型基础上,引入外部风险因素构建 CAViaR-V 模型对国内有色金属期货市场进行风险度量及预测;第四部分是基于机器学习和深度学习模型对上述期货市场的交易品种进行价格预测,并通过不同模型预测结果的比较,得到最优的风险监测模型。

本书的主要内容与结构安排如下:

第一章系统介绍了 Copula 函数定义与性质,以及常用的二元 Copula 函数。

第二章系统归纳了风险溢出效应的研究方法,其实证分析手段主要有 Granger 因果检验、GARCH 模型和 Copula 模型等,并着重介绍了 CoVaR 模型的定义与 Copula-CoVaR 模型的推导,以及模型估计涉及的相关检验方法。

第三章基于 Copula-CoVaR 模型对国内外金属期货市场的系统性风险展开测度。根据风险溢出值、风险溢出率对国内外各期货品种的风险溢出效应进行比较,识别风险溢出的大小及方向。

第四章系统介绍独立成分分析法、GARCH 类模型以及 ICA-TGARCH-M 模型及方法。

第五章基于 ICA-TGARCH-M 模型比较分析了 2008 年全球金融危机爆发前后期货市场间传染性风险的强弱,验证并揭示期货市场风险溢出的主要来源。

第六章在对风险测度的相关研究进行分类综述的基础上,重点介绍了 CAViaR 模型形式、参数估计以及模型检验等内容。

第七章基于 CAViaR 模型对国内有色金属期货指数的系统性风险进行测度,验证 CAViaR 模型测度风险的适用性。

第八章对期货市场风险溢出性进行了理论分析,同时选择汇率、利率及其他金融市场等风险因素,构建 CAViaR-V 模型研究其对我国有色金属期货市场的风险溢出性。

第九章系统介绍了深度学习理论以及在资产价格预测中具有代表性的几类机器学习模型。

第十章具体介绍了样本选择与数据预处理、损失函数与优化器,以及机器学习和线性模型的选择等内容。

第十一章通过使用机器学习 MLP 模型和深度网络学习 LSTM 模型以及线性 ARIMA 模型,对上海期货交易所和伦敦金属期货交易所上交易的铝、铜、镍、铅、锡和锌这六种有色金属期货进行长期和短期的预测分析,并对模型的预测能力进行比较。

第十二章对本书中介绍的测度模型和所得出的结论进行总结,并对下一步的研究工作进行展望。

本书的主体内容来源于本人近年来科研工作的阶段性成果,可作为高等院校风险管理、大数据分析等专业研究生及实际风险管理工作者的参考书。

在本书的完成之际,感谢国家自然科学基金委员会青年项目(61803331)、教育部人文社会科学基金项目(14YJCZH123)、江苏省自然科学基金青年项目(BK20170515)以及扬州大学出版基金对本书研究与出版给予的资助。

同时,感谢我的研究生邢荧、张金玲、李旭为本书的实证方面所做的大量工作,感谢研究生潘琪、何雯可、汤越在本书后续的编排、整理等方面所做的努力。感谢我的家人,一直以来对我科研工作的支持与鼓励。感谢这一路上关心并帮助我的导师以及师兄弟们。

此外,在本书的出版过程中,江苏人民出版社的责任编辑付出了辛勤的劳动,在此也一并表示由衷的感谢。

在写作本书的过程中一直力求将自己的所学展现出来,但由于水平有限,难免存在疏忽或者有争议的地方,敬请国内外学者和广大读者不吝批评指正,并提出宝贵意见,共同推进金融风险领域的发展。

第一章　Copula 理论基础

Copula 函数可以比较准确地描述变量之间的非线性关系和尾部关系，在相关性描述方面具有独特的优势，并且这一特点在风险管理研究方面具有很重要的意义。斯克拉(Sklar)早在 1959 年，提出了 Copula 函数，Copula 一词是法语，原意是连接、交换的意思。他认为 N 维联合分布函数，可以分解成 N 个边缘分布函数和一个 Copula 函数，而这个 Copula 函数可以很好地描述变量之间的相关性。

1.1 | Copula 函数的定义与性质

1.1.1　Copula 函数的定义

直到 1999 年，尼尔森(Nelsen)才对 Copula 函数进行了严格的定义。Copula 函数是指，随机向量 $X_1, X_2, \cdots, X_N$ 的联合分布函数 $F(x_1, x_2, \cdots, x_N)$ 与各个随机向量的边缘分布函数 $F_{X_1}(x_1), \cdots, F_{X_N}(x_N)$ 相连接的连接函数，用 $C(u_1, u_2, \cdots, u_N)$ 表示。具体的表达式如下：

$$F(x_1, x_2, \cdots, u_N) = C(F_{X_1}(x_1), F_{X_2}(x_2), \cdots, F_{X_N}(x_N)) \qquad (1-1)$$

由于本文使用的是二元 Copula 函数，因此，以下再介绍二元 Copula 函数的定义。二元 Copula 函数 $C(u, v)$ 需要满足以下条件：

① $C(u, v)$ 的定义域为：$[0,1] \times [0,1]$；

② $C(u, v)$ 有零基面，并且是二维递增的；

③ 对任意的 $u, v \in [0,1]$，满足 $C(u,1) = u$ 和 $C(1,v) = v$。

所谓的零基面是指：至少存在一个 $u_0 \in [0,1]$ 和一个 $v_0 \in [0,1]$，使得 $C(u_0, v) = 0 = C(u, v_0)$。二维递增是指：

对任意 $0 \leqslant u_1 \leqslant u_2 \leqslant 1$ 和 $0 \leqslant v_1 \leqslant v_2 \leqslant 1$，有

$$C(u_2, v_2) - C(u_2, v_1) - C(u_1, v_2) + C(u_1, v_1) \geqslant 0 \qquad (1-2)$$

假设 $F(x)$ 和 $G(y)$ 代表连续的一元分布函数,令 $U = F(x)$,$V = G(y)$,则 U,V 均服从 $[0,1]$ 上的均匀分布,则 $C(u,v)$ 是边缘分布均服从 $[0,1]$ 均匀分布的二元联合分布函数。对于定义域内任意一点 (u,v),有 $0 \leqslant C(u,v) \leqslant 1$。于是,提出了二元分布的斯克拉定理:令 $H(x,y)$ 为边缘分布 $F(x)$,$G(y)$ 的二元联合分布函数,则存在一个 Copula 函数 $C(u,v)$ 使得:

$$H(x,y) = C(F(x), G(y)) \qquad (1-3)$$

1.1.2　Copula 函数的性质

由于本文使用的是二元 Copula 函数,因此,下面主要介绍二元 Copula 函数的性质。

(1) $C(u,v)$ 的变量都是单调非降的,也就是说,如果保持一个变量不变,$C(u,v)$ 会随着另一个变量的上升而上升或者不变。

(2) 对于任意 $u,v \in [0,1]$,满足 $C(u,0) = C(0,v) = 0$,$C(u,1) = u$,$C(1,v) = v$。也就是说,只要有一个变量等于 0,那么 Copula 函数的值也就等于 0。如果有一个变量等于 1,那么 Copula 函数的值则等于另一个变量。

(3) 对任意的 $0 \leqslant u_1 \leqslant u_2 \leqslant 1$ 和 $0 \leqslant v_1 \leqslant v_2 \leqslant 1$,满足:

$$C(u_2, v_2) - C(u_2, v_1) - C(u_1, v_2) + C(u_1, v_1) \geqslant 0 \qquad (1-4)$$

(4) 对任意的 $u_1, u_2, v_1, v_2 \in [0,1]$,满足:

$$|C(u_2, v_2) - C(u_2, v_1)| \leqslant |u_2 - u_1| + |v_2 - v_1| \qquad (1-5)$$

(5) 对任意的 $u,v \in [0,1]$,满足:

$$\max(u + v - 1, 0) \leqslant C(u,v) \leqslant \min(u,v) \qquad (1-6)$$

令 $C^-(u,v) = \max(u + v - 1, 0)$,$C^+(u,v) = \min(u,v)$,称 $C^-(u,v)$ 和 $C^+(u,v)$ 分别为二元 Copula 函数 $C(u,v)$ 的上界和下界。

(6) 若 U,V 独立且同服从 $[0,1]$ 上的均匀分布,则 $C(u,v) = uv$。

1.2　常用二元 Copula 函数

常用的二元 Copula 函数主要分为两类,一类是椭圆族 Copula 函数,它包括二元正态 Copula 函数以及二元 t-Copula 函数。另一类是阿基米德 Copula 函数，其有许多不同的形式，经常被运用到的有三个函数，分别是 Gumbel Copula 函数、Clayton Copula 函数和 Frank Copula 函数。

1.2.1　二元正态 Copula 函数

二元正态 Copula 函数的表达式如下所示：

$$C(u,v,\rho) = \int_{-\infty}^{\Phi^{-1}(u)} \int_{-\infty}^{\Phi^{-1}(v)} \frac{1}{2\pi\sqrt{1-\rho^2}} \exp\left\{-\frac{s^2-2\rho st+t^2}{2(1-\rho^2)}\right\} dsdt \qquad (1-7)$$

其中 Φ 表示标准正态分布函数，Φ^{-1} 是 Φ 的逆函数，$\rho \in (-1,1)$，表示 $\Phi^{-1}(u)$ 和 $\Phi^{-1}(v)$ 之间的相关系数。该函数具有良好的对称性，利用这个特点，能够很好地描述对称性较强的变量。但是，该函数对于对称性不强的数据集合，拟合的效果并没有那么的显著。

1.2.2　二元 t-Copula 函数

二元 t-Copula 函数的表达式如下所示：

$$C'(u,v,\rho,k) = \int_{-\infty}^{t_k^{-1}(u)} \int_{-\infty}^{t^{-1}(v)} \frac{1}{2\pi\sqrt{1-\rho^2}} \exp\left[1+\frac{s^2-2\rho st+t^2}{k(1-\rho^2)}\right]^{-(k+2)/2} dsdt$$

$$(1-8)$$

其中，ρ 表示与之对应的相关系数，$\rho \in (-1,1)$。T_k^{-1} 是 T_k 的逆函数，T_k 表示 t 分布函数。该函数也具有良好的对称性，利用这个特点，对具有对称分布的函数，能够进行很好的刻画，并且其尾部特点更加突出。但是，对于对称性不强的数据集合，该函数的拟合效果并没有那么的显著。

1.2.3　Gumbel Copula 函数

Gumbel Copula 函数的表达式如下所示：

$$C(u,v,\theta) = \exp(-[(-\ln u)^\theta + (-\ln v)^\theta]^{1/\theta}) \qquad (1-9)$$

其中，θ 表示相关性系数，$\theta \in [1,+\infty]$。若 $\theta=1$，则表示两个变量是相互独立的，此时 $C(u,v)=uv$；否则 $\theta \to \infty$，表示两个变量是相关的。

Gumbel Copula 函数对于对称性数据的表示能力不足，常用来表示非对称性数据的相关性。并且 Gumbel Copula 函数在上尾相关性方面具有一定的优势，因此对于上尾相关关系的捕捉更加精确。

1.2.4　Clayton Copula 函数

Clayton Copula 函数的表达式如下所示：

$$C(u,v,\theta)=\max([u^{-\theta}+v^{-\theta}-1]^{-1/\theta},0) \qquad (1-10)$$

θ 表示相关性系数，$\theta\in[-1,0]\bigcup(0,+\infty)$。若 $\theta\rightarrow0$，则表示两个变量是相互独立的；否则 $\theta\rightarrow+\infty$，表示两个变量是相关的。

Clayton Copula 函数和 Gumbel Copula 函数相似，常用来表示非对称性数据的相关性。但是与 Gumbel Copula 函数不同的是，Clayton Copula 函数在下尾相关性方面比上尾要高，因此对于下尾相关关系的捕捉更加精确。

1.2.5　Frank Copula 函数

Frank Copula 函数的表达式如下所示：

$$C(u,v,\lambda)=-\frac{1}{\lambda}\ln\Big(1-\frac{(1-e^{-\lambda u})(1-e^{-\lambda v})}{1-e^{-\lambda}}\Big) \qquad (1-11)$$

其中，λ 表示相关性系数，$\lambda\in(-\infty,0)\bigcup(0,+\infty)$。如果 $\theta>0$，则表示两个变量存在正相关关系；如果 $\theta\rightarrow0$，则表示两个变量是相互独立的；若 $\theta<0$，则表示两个变量存在负相关性。

Frank Copula 函数也具有良好的对称性，能够很好地描述具有对称关系的变量之间的相关性。但是，对于对称性不强的数据集合，该函数的效果并没有那么的显著。

1.3 │ 本章小结

本章介绍了 Copula 函数的相关理论，从 Copula 函数的定义、性质出发，介绍了五种常用二元 Copula 函数的表达式和分布情况。通过上文的比较分析，我们可以得出：二元正态 Copula、二元 t-Copula 函数以及 Frank Copula 函数能够较好地描述具有对称分布的变量之间的相关性；而 Gumbel Copula 函数能够较好地对变量的上尾相关性进行拟合；而 Clayton Copula 函数则可以更好地描述变量的下尾相关性。

第二章　Copula-CoVaR 模型及方法

随着金融一体化程度的提高,全球范围内金融市场之间的关系网络日益复杂,各市场间的风险溢出效应更为广泛,极易引起系统性风险的发生,并对全球宏观经济的稳定发展产生巨大影响。在这一复杂环境下,学者们越来越重视风险量化的精度,大量研究集中在股票、外汇、债券等金融市场之间金融冲击的传递。如何有效刻画金融市场之间风险的外溢性,调整金融监管的重点和方式,成为风险管理的重要课题之一。

2.1 相关文献概述

本章围绕风险溢出效应的研究方法,搜集了大量的文献资料,发现学者们对风险溢出效应的实证分析手段主要有 Granger 因果检验、GARCH 模型和 Copula 模型等。因此,本文依据风险溢出效应的不同研究方法,将国内外研究现状分为以下三个方面进行阐述。

2.1.1 关于 Granger 因果检验的风险溢出效应研究

Granger 因果检验在金融市场中的运用较为普遍,主要用于检验不同金融市场间有无 Granger 原因,以此证明金融市场间是否具有风险溢出效应。洪(Hong,2007)运用 Granger 因果检验实证研究了菲律宾股票市场与中国台湾股票市场之间的相关性,结果发现菲律宾股票市场是中国台湾股票市场的 Granger 原因,反之,中国台湾股票市场也是菲律宾股票市场的 Granger 原因,因此两地股票市场之间的风险联动性较强。帕纳约蒂斯(Panayiotis,2009)则对六个拉丁美洲国家的股票市场收益率与汇率之间的相关性进行了研究,研究的时间跨度为 1998 年至 2006 年。结果表明,这六个国家的股票市场收益率都是汇率的 Granger 原因,但是汇率都不是股票市场收益率的 Granger 原因,即股票市场收益率和汇率之间存在单向的 Granger 关系。鲁因(Ruyin,

2010)以金融危机为分界点,将实证研究分为两个时间段,对比分析了伦敦铜期货和沪铜期货在金融危机爆发前后,Granger 因果关系的变化情况。结果表明,金融危机爆发之前,伦敦铜期货对沪铜期货的价格起到很大的主导作用,而沪铜期货对伦敦铜期货的影响却很小。但是,在金融危机爆发以后,沪铜期货对伦敦铜期货的引导作用出现了加强的趋势,沪铜期货对伦敦铜期货也存在了 Granger 原因,这在一定程度上表明了中国期货市场在国际市场上的地位正在不断提高。英宇(Ingyu,2011)以美国股票市场为中心,分别研究了美国股票市场与周边 15 个国家股票市场之间的风险溢出方向,结果表明美国股票市场对周边 15 个国家的股票市场都具有单向的 Granger 原因,并且对中国 A 股市场的影响最大。阿维拉尔(Aviral,2013)将 Granger 因果检验方法与小波分解法进行结合,以石油价格和汇率为研究对象,结果表明,两者之间 Granger 因果关系仅出现在低频期,在高频期并不存在。杜(Du,2015)运用 Granger 因果检验方法对标普 500 指数与 WTI 原油期货之间的风险溢出进行了研究,结果表明,标准普尔 500 指数与 WTI 原有期货之间存在双向的风险溢出效应,并且在金融危机以后,这种风险溢出效应的强度更大。韦(Wei,2017)发现中国和澳大利亚之间的贸易关系越来越紧密,因此研究了 2007 年至 2014 年中国股票市场与澳大利亚股票市场之间的风险溢出效应。结果表明,我国沪深 300 指数与澳大利亚 ASX200 指数之间存在双向的 Granger 因果关系。法拉赫(Farah,2017)运用 Granger 因果检验研究了巴基斯坦金融发展与能源消费之间的相关性,结果发现,短期内金融发展指数和与能源消费具有显著的相关性。

在国内,学者们也将 Granger 因果检验运用到了金融市场的风险溢出研究中。赵亮(2006)也以伦敦铜期货和沪铜期货为研究对象,但是与鲁因(Ruyin,2010)不同的是,他不是以金融危机为时间分界点,而是把关注的焦点放在了我国对伦敦铜进口数量的依赖程度上。结果表明,随着我国对伦敦铜进口数量的增加,伦敦铜期货对沪铜期货的价格引导作用不断加强。王家辉(2008)同样以铜期货为研究对象,但是不仅研究了伦敦铜期货、沪铜期货,还增加了纽约铜期货的研究。实证结果表明,汇率改革前后,伦敦铜、沪铜、纽约铜期货之间的因果关系发生了变化。在汇率改革之前,沪铜的定价能力小于纽约铜,纽约铜小于伦敦铜。汇率改革之后,沪铜的定价能力超过了纽约铜,但是伦敦铜期货的定价能力仍然是最高的。石智超、许争和陈瑞(2016)则运用 Granger 因果检验方法研究了我国股票市场与期货市场之间的相关性,结果表明,铜期货、铝期货、锌期货、原油期货以及白糖期货价格与上下游企业的股票价格之间存在双向的 Granger 因果关系。许启发、伯仲璞和蒋翠侠(2017)分别运用均值 Granger 因果检验和分位数 Granger 因果检验方法来研究网络情绪与股票市场收益率之间的相关性,结果发现,分位数 Granger 因果检验法可以更好地检验变量之间尾部的相关性。

2.1.2 关于 GARCH 模型的风险溢出效应研究

GARCH 模型的全称为广义自回归条件异方差模型,它是 ARCH 模型的延伸,这类模型在金融市场风险溢出的研究领域得到了较为广泛的运用。考特莫斯(Koutmos,1995)运用 GARCH 模型研究了纽约股票市场、伦敦股票市场、东京股票市场之间的风险溢出效应,结果表明这三个国家股票市场两两组合之间的风险溢出效应均是非对称的。曼苏尔(Mansur,2003)运用双变量的 GARCH 模型,研究了上市银行股票收益率对利率、汇率的敏感性问题,结果表明上市银行股票收益率对利率、汇率的波动具有十分敏感的反应。进一步研究了美国上市银行股票收益率与日本、德国上市银行股票收益率之间的风险溢出效应,结果发现美国、日本、德国上市银行股票收益率之间均存在很强的相关性。法恩(Fan,2008)将 GARCH 模型进行了变形,构建了 GED-GARCH-VAR 模型,计算得出了 WTI 原油和布伦特原油现货市场之间的风险价值 VaR,将风险溢出效应大小使用具体的数字进行表示,在研究方法上取得了较大的进步。马内拉(Manera,2013)则通过构建多元的 DCC-GARCH 模型,研究了 1986 年至 2010 年期间,美国原油期货、取暖油期货、汽油期货、天然气期货四大能源期货价格与玉米期货、燕麦期货、大豆油期货、大豆期货、小麦期货五大农产品期货价格之间的风险溢出效应。结果表明,研究对象中的四大能源期货与五大农产品期货之间的风险溢出效应均在 2008 年达到最大值。赫格蒂(Hegerty,2015)也对 GARCH 进行了变形,构建了 GARCH-BEKK 模型,研究了美国原油期货与乙醇期货、玉米期货之间的风险溢出效应。结果表明,不管在金融危机之前还是之后,美国原油期货对乙醇期货的风险溢出效应均大于对玉米期货的风险溢出效应。但是,在金融危机之前,玉米和乙醇期货对原油期货的风险溢出效应仅为10%至20%之间,金融危机之后,玉米和乙醇期货对原油期货的风险溢出效应高达45%以上。也就是说金融危机之后,玉米期货、乙醇期货对美国原油期货的风险溢出效应出现了较大的提升。刘(Liu,2016)则构建了GARCH-BEKK模型,发现金融危机之前,美国股市对中国香港股市、日本股市都具有较强的风险溢出效应。在金融危机之后,美国股票市场对中国香港、日本等比较发达股市的影响有所下降。但是,中国香港、日本等亚洲比较发达的股票市场反而对美国股票市场的风险溢出效应在不断增强。莫妮卡(Monica,2017)提出了一种关于能源期货市场的动态套期保值GARCH模型,采用多种不同的模型代替单一的模型,用来表示能源期货市场在不同阶段的具体表现。这种动态套期保值GARCH模型对降低石油现货和期货市场的价格波动具有重要的意义。

在国内,学者们也运用GARCH模型对金融市场之间的风险溢出问题进行了大量的研究。赵留彦、王一鸣(2003)则采用多元GARCH模型对我国A股市场和B股市场的风险溢出效应进行了分析。结果表明,我国A股市场对B股市场具有很明显的风险溢出效应,并且这种影响在不断增强。但是反过来,我国B股市场对A股市场的风险溢出效应却一直很小。董秀良、曹凤岐(2009)运用多元GARCH模型研究了美国、亚洲主要国家股票市场之间的风险溢出效应。结果表明,我国上海股票市场受到中国香港股票市场的风险溢出效应最强,但是,中国香港股票市场主要受到美国股票股票市场和日本股票市场的风险溢出影响。因此,中国上海股票市场不仅要考虑到中国香港股票市场的直接风险溢出影响,也要考虑到美国股票市场和日本股票市场带来的间接影响。刘向丽、顾舒婷(2014)构建了AR-GARCH-CoVaR模型,将研究对象延伸到了房地产领域,研究了我国房地产与金融系统之间的风险溢出效应。结果表明,在金融危机之前,我国房地产市场对金融系统的风险溢出效应较强。但是在金融危机之后,我国房地产市场对金融系统的风险溢出效应则较弱。寇明婷、杨海珍和肖明(2016)

运用多元的 VAR-BEKK-MVGARCH(1,1)模型,研究了我国股票市场和货币政策调整之间的风险联动性。结果表明,我国货币政策的调整对股票市场的风险溢出效应要强于股票市场对货币政策的风险溢出效应。曹栋、张佳(2017)构建了 GARCH-M 模型,研究了我国 2007 年 8 月至 2015 年 4 月期间沪深 300 股票指数与股市波动之间的风险溢出效应。结果表明,随着我国沪深 300 股票指数的推出和运用,在一定程度上降低了我国股票市场的波动性,但是这种影响也是有限的。

2.1.3　关于 Copula 模型的风险溢出效应研究

相比于其他风险溢出计量模型,Copula 模型是一种更加灵活的相关性分析工具,可以拟合多种分布形式的函数,如非正态、非对称、非线性的分布函数。因此,Copula 模型成为研究金融市场之间风险溢出效应较为新颖的研究方法。赫(He,2009)运用 Copula 模型对变量的原始序列进行拟合,结果发现原油价格与实际汇率之间的相关性在金融危机前后发生了较大的变化。在金融危机之前,原油价格与实际汇率之间的相关性并不明显。但是,在金融危机之后,原油价格和实际汇率之间的风险溢出强度出现了不断增强的趋势。并且,通过对比分析发现,Copula 模型的拟合效果较传统模型的拟合效果要更好。古尔贝尔与特拉贝尔西(Ghorbel,Trabelsi,2014)运用 Copula 模型研究了美国股票市场与石油价格之间的风险溢出效应,结果表明,美国股票市场对石油价格的波动具有较大的影响,同时石油价格也给美国股票市场带来了较大的风险冲击。玉亭(Yuting,2017)运用 Copula 模型研究了流动性风险与沪深 300 股指期货收益率之间的风险溢出效应,结果表明,流动性风险对沪深 300 股指期货的风险溢出效应较强。因此,沪深 300 指数期货的投资者应该注意防范潜在流动性风险带来的不利影响。

相对于国外学者而言,国内学者们运用 Copula 模型对风险溢出效应方面的研究起步较晚。刘晓星、段斌和谢福座(2011)构建了 EVT-Copula 模型,运用极值理论 EVT 对边缘分布建模,利用经验分布函数对美国股票市场、英国股票市场、法国股票市场、日本股票市场和中国股票市场收益率序列的中间数据进行拟合,利用 GPD 分别对上述五个国家的股票市场收益率序列上下尾进行拟合。结果表明,美国股票市场对其他国家股票市场具有显著的风险溢出效应,并且这种风险溢出效应的强度会随着美国股票市场自身风险的增加而增加。李月琪、李丛文(2017)运用 GARCH-时变Copula-CoVaR 技术,研究了沪港通实施前后沪市与港市之间风险溢出效应的变化情况。结果表明,沪港通实施以后增强了沪市与港市之间的风险溢出效应,并且港市对沪市的风险溢出一直高于沪市对港市的风险溢出。

2.1.4 研究述评

经过以上的国内外研究现状分析,我们发现学者们主要运用了Granger 因果检验、GARCH 和 Copula 模型对风险溢出效应进行了大量的研究。其中,Copula 模型可以更加准确地描述变量之间的非线性关系和尾部关系。因此,在风险管理方面,Copula 模型具有独特的优势。根据文献资料显示,在计算风险溢出效应的具体数值方面,还需要使用到 CoVaR 模型。综上所述,本文将在 Copula 模型的基础之上,结合 CoVaR 模型,对国内外有色金属期货市场风险溢出效应进行度量,增加学术研究领域对有色金属期货市场的关注度。

本书研究的主要问题是系统性风险度量,而系统性风险最明显的特征是风险的溢出性。简单来讲,风险的溢出性就是指当某一金融市场陷入困境时,会把风险迅速传递到其他金融市场,使得其他金融市场也受到不利的影响。风险溢出效应需要通过使用具体的数值表示出来才能进行比较分析,本文利用 $\Delta CoVaR$ 表示具体的风险溢出值。CoVaR 的传统求解方法是使用分位数回归,但是分位数回归很难描述变量之间的非线性关系和尾部的相关性。因此,为了弥补分位数回归方法的缺陷,本文通过对变量进行正态性检验、相关性检验,选择最优的 Copula 函数,再根据 Copula 函数推导求出条件风险价值 CoVaR、风险溢出值 $\Delta CoVaR$ 以及风险溢出率%CoVaR。

2.2 │ CoVaR 模型

学者们在 VaR 模型的基础之上,对传统风险度量方法进行了改进,提出了 CoVaR 模型,该模型可以比较客观具体地表示出当某个金融市场或者某个金融机构陷入困境时,对其他金融市场或者金融机构的影响,大大提高了风险评估的准确性。

2.2.1 CoVaR 模型的定义

VaR 模型定义为某金融市场或者金融机构在某一特定置信区间下可能发生的最大损失。具体的数学表达式如下:

$$Pr(X^i \leqslant VaR_q^i) = q \qquad (2-1)$$

其中,q 为置信区间,X^i 表示金融市场或者金融机构 i 的价值水平,VaR_q^i 为金融市场或者金融机构 i 在 $1-q$ 的置信水平下可能发生的最大损失。阿德里安(Adrian,2008)在 VaR 模型的基础之上,提出了考虑金融市场或者金融机构之间风险溢出的 CoVaR 模型,具体表达式为:

$$Pr(X^j \leqslant CoVaR_q^{j|i} \mid X^i = VaR_q^i) = q \qquad (2-2)$$

其中,q 为置信区间,$CoVaR_q^{j|i}$ 表示当金融市场或者金融机构 i 处于极其不利的风险价值水平时,金融市场或者金融机构 j 所面临的风险价值水平。$CoVaR_q^{j|i}$ 模型不仅包含自身的风险价值,还包含了风险溢出价值。为了更加真实地反映金融市场或者金融机构 i 对金融市场或者金融机构 j 的风险溢出大小,我们用 $\Delta CoVaR_q^{j|i}$ 表示风险溢出效应,具体表达式为:

$$\Delta CoVaR_q^{j|i} = CoVaR_q^{j|i} - VaR_q^j \qquad (2-3)$$

为了进一步反映金融市场或者金融机构 i 对金融市场或者金融机构 j 的风险溢出程度,需要对 $\Delta CoVaR_q^{j|i}$ 进行标准化处理,得出风险溢出率﹪$CoVaR_q^{j|i}$,具体表达式为:

$$\% CoVaR_q^{j|i} = (\Delta CoVaR_q^{j|i} / VaR_q^j) \times 100\% \qquad (2-4)$$

2.2.2 Copula-CoVaR 模型推导

用 X 和 Y 分别表示 a,b 两组收益率序列,f(X,Y)表示联合分布密度函数,则序列 X 在既定条件下的条件分布密度函数为:

$$f_{a|b}(X|Y) = \frac{f(X,Y)}{f_b(Y)} \qquad (2-5)$$

结合 Copula 函数的定义,可以推出:

$$f_{a|b}(X/Y) = C(F_a(X), F_b(Y)) f_a(X) \mathrm{d}X \qquad (2-6)$$

因此,收益率序列 X 在 Y 既定下的条件分布函数为:

$$f_{a|b}(X/Y) = \int_{-\infty}^{X} C(F_a(X), F_b(Y)) F_a(X) \mathrm{d}X \qquad (2-7)$$

其中,F_a 和 F_b 为 Copula 函数的边缘分布,C 为 Copula 函数的密度函数。根据 CoVaR 的定义,$CoVaR_q^{a|b}$ 为 $Y = VaR_q^b$ 下 X^a 的风险价值。

$$CoVaR_q^{a|b} = F_{a/b}^{-1}(q/VaR_q^b) \qquad (2-8)$$

其中,$F_{a|b}^{-1}$ 为 $F_{a|b}$ 的逆函数,我们一般求 $\int_{-\infty}^{X} C(F_a(X), F_b(Y)) f_a(X) \mathrm{d}X = q$ 的解 X^a 来代替 $CoVaR_q^{a|b}$ 的值。

2.3 正态性检验

运用参数法对随机变量进行正态性检验,所用的方法一般有以下三种:Jarque-Bera 正态性检验、Kolmogorov-Smirnov 正态性检验以及 Lilliefors 正态性检验。

2.3.1 Jarque-Bera 检验

Jarque-Bera 正态性检验根据样本的偏度和样本的峰度来构造样本检验统计量,以此检验样本是否服从正态发布,构造的统计量如下所示:

$$JB = \frac{n}{6}\left[s^2 + \frac{(k-3)^2}{4}\right] \qquad (2-9)$$

其中,n 为样本容量;s 为样本偏度;k 为样本峰度。一般情况下,正态分布的偏度等于 0,峰度等于 3。因此,如果检验样本的偏度等于 0 或者近似等于 0,并且样本的峰度等于 3 或者近似等于 3,可以初步判断为服从正态分布。

在 MATLAB 软件中进行 Jarque-Bera 正态性检验时,可以通过调用 jbtest 函数来实现。jbtest 函数中设置了一个 33 行 17 列的临界值表,当式

(2-9)构造的统计量的观测值大于或者等于这个临界值时,拒绝原假设。其中,原假设表示样本服从正态分布。当输出 H 值等于 1 时,表示在显著性水平 $\alpha=0.05$ 下拒绝原假设;当输出 H 值等于 0 时,则表示在显著性水平 $\alpha=0.05$ 下接受原假设。但是 jbtest 函数具有一定的局限性,其检验结果仅可作为一种参考,还需要结合其他检验,做出综合推断。

2.3.2 Kolmogorov-Smirnov 检验

在 MATLAB 软件中进行 Kolmogorov-Smirnov 检验时,可以调用 kstest 函数来实现。kstest 函数可以通过双侧检验或者单侧检验来验证样本是否服从指定的分布,该检验不含有未知参数。它构造的统计量如下所示:

$$KS=\max|F_n(x)-G(x)| \qquad (2-10)$$

其中,$F_n(x)$表示样本经验分布函数,$G(x)$表示指定的分布函数。kstest 函数中也设置了临界值表,对于双侧检验,当 $p\leqslant\alpha/2$,拒绝原假设;对于单侧检验,当 $p\leqslant\alpha$ 时,拒绝原假设。其中,原假设表示样本服从标准的正态分布。在检验样本 x 是否服从标准的正态分布时,当输出 H 值等于 1 时,表示在显著性水平 $\alpha=0.05$ 下拒绝原假设;当输出 H 值等于 0 时,则表示在显著性水平 $\alpha=0.05$ 下接受原假设。

2.3.3 Lilliefors 检验

Lilliefors 检验是利耶弗(Lilliefor)在 1967 年提出的,它是指当总体均值和方差未知时,可以用样本均值$\bar{x}$和标准差 s 代替总体均值 μ 和标准差 σ。在 MATLAB 中可以调用 lillietest 函数检验样本是否服从指定的分布。可用的指定分布有正态分布、指数分布和极值分布,它们都属于位置尺度分布族,即分布中既包含位置参数,也包括尺度参数。它构造的统计量如下所示:

$$KS=\max|SCDF(x)-CDF(x)| \qquad (2-11)$$

其中,$SCDF(x)$表示样本经验分布函数,$CDF(x)$表示指定的分布函数。针对正态分布、指数分布和极值分布,lillietest 函数中分别设置了一个临界值表,当式(2-11)构造的检验统计量的观测值大于或者等于这个临界值时,lillietest 函数会作出拒绝原假设的推断。当输出 H 值等于 1 时,表示在显著性水平 $\alpha=0.05$ 下拒绝原假设;当输出 H 值等于 0 时,则表示在显著性水平 $\alpha=0.05$ 下接受原假设。

2.4 │ 相关性检验

随机变量之间的相关性检验方法有很多,本文主要介绍常用的 Pearson 线性相关系数检验、Kendall 秩相关系数检验以及 Spearman 秩相关系数检验。

2.4.1 Pearson 线性相关系数

设随机变量 X 和 Y 的期望 $E(X)$,$E(Y)$ 和方差 $\mathrm{var}(X)>0$,$\mathrm{var}(Y)>0$ 均存在,则称 Pearson 线性相关系数为:

$$\rho=\frac{\mathrm{cov}(X,Y)}{\sqrt{\mathrm{var}(X)}\sqrt{\mathrm{var}(Y)}}=\frac{E(XY)-E(X)E(Y)}{\sqrt{\mathrm{var}(X)}\sqrt{\mathrm{var}(Y)}} \quad (2-12)$$

设 (X_i,Y_i),$i=1,2,\cdots,n$ 为总体 (X,Y) 的样本,则样本的 Pearson 线性相关系数表示为:

$$\hat{\rho}=\frac{\sum_{i=1}^{n}(X_i-\overline{X})(Y_i-\overline{Y})}{\sqrt{\sum_{i=1}^{n}(X_i-\overline{X})^2}\sqrt{\sum_{i=1}^{n}(Y_i-\overline{Y})^2}} \quad (2-13)$$

当 $|\rho|$ 的值越接近于 1,则表明 X 和 Y 之间的线性相关性越强;当 $\rho=0$ 时,则表明 X 和 Y 之间不存在相关性。然而,Pearson 线性相关系数 ρ 仅仅反映了 X 和 Y 之间的线性相关性,并未反映变量之间的非线性关系。实际上当 X 和 Y 之间不存在线性相关性时,也可能存在某种非线性相关性,例如 $X\sim N(0,1)$,$Y=X^2$,即当 X,Y 之间存在非线性相关性时,Pearson 线性相关系数 ρ 也会等于 0。因此,Pearson 线性相关系数 ρ 具有一定的局限性,检验结果仅可作为一种参考,还需要结合其他相关性检验结果,做出综合的推断。

2.4.2　Kendall 秩相关系数

设 $(x_1,y_1),(x_2,y_2)$ 是二维随机向量 (X,Y) 的两个观测值,如果 $(x_1-x_2)(y_1-y_2)>0$,称 (x_1,y_1) 和 (x_2,y_2) 是和谐的;若 $(x_1-x_2)(y_1-y_2)<0$,则称它们是不和谐的。设 $(X_1,Y_1),(X_2,Y_2)$ 是相互独立并且与 (X,Y) 具有相同分布的二维随机向量,用 $P((X_1-X_2)(Y_1-Y_2)>0)$ 表示它们的和谐概率,用 $P((X_1-X_2)(Y_1-Y_2)<0)$ 表示它们的不和谐概率。Kendall 秩相关系数 τ 表达式如下:

$$\tau=P((X_1-X_2)(Y_1-Y_2)>0)-P((X_1-X_2)(Y_1-Y_2)<0) \quad (2-14)$$

设 $(X_i,Y_i),i=1,2,\cdots,n$ 为总体 (X,Y) 的样本,则样本的 Kendall 秩相关系数表达式为:

$$\hat{\tau}=\frac{c-d}{c+d}=\frac{c-d}{C_n^2} \quad (2-15)$$

其中, c 表示和谐的观测对数, d 则表示不和谐的观测对数。

2.4.3　Spearman 秩相关系数

设 $(X_1,Y_1),(X_2,Y_2),(X_3,Y_3)$ 与总体 (X,Y) 具有相同分布,相互独立的二维随机变量,则样本的 Spearman 秩相关系数表示为:

$$\rho_s=3\{P((X_1-X_2)(Y_1-Y_3)>0)-P((X_1-X_2)(Y_1-Y_3)<0)\} \quad (2-16)$$

设 $(X_i,Y_i),i=1,2,\cdots,n$ 为总体 (X,Y) 的样本,则样本的 Spearman 秩相关系数表示为:

$$\hat{\rho}_s=1-\frac{6}{n(n^2-1)}\sum_{i=1}^{n}(R_i-Q_i)^2 \quad (2-17)$$

其中, R_i 表示 X_i 在 $(X_1,X_2,\cdots,X_n)$ 中的秩,用 Q_i 表示 Y_i 在 $(Y_1,Y_2,\cdots Y_n)$ 中的秩。

2.5 | Copula 模型估计

在总体分布不确定的情况下,可以运用 MATLAB 软件,调用 ecdf 函数,用样本的经验分布函数近似代替总体的分布。或者,也可以调用 ksdentity 函数,用核密度估计总体的分布。

2.5.1 经验密度函数

设 $X_1,X_2,\cdots,X_n$ 是取自总体 X 的样本,$x_1,x_2,\cdots,x_n$ 表示样本观测值,则样本的经验密度函数表达式如下:

$$\hat{f}_n(x) = \begin{cases} \dfrac{f_i}{h_i} = \dfrac{n_i}{nh_i}, x \in I, i=1,2,\cdots,k \\ 0,\text{其他} \end{cases} \tag{2-18}$$

其中,h_i 表示区间的长度,称为窗宽,它决定了样本的经验密度函数的形状。若令

$$\phi(x,x_i) = \begin{cases} \dfrac{1}{nh_i}, x \in I_j, x_i \in I_j \\ 0, x \in I_j, x_i \notin I_j \end{cases} (i=1,\cdots,n,j=1,\cdots,k) \tag{2-19}$$

则样本的经验密度函数可以简写为:

$$\hat{f}_n(x) = \sum_{i=1}^{n} \phi(x,x_i) \tag{2-20}$$

从经验密度函数的定义可知,如果某一点 x 附近包含的样本点比较多,则 x 处的密度函数估计值比较大。由此可见,经验密度函数存在局限性,它受到区间划分和样本密集程度的影响。因此,下文介绍了核密度估计,来弥补经验密度函数的缺陷。

2.5.2 核密度估计

为了克服区间划分的影响,帕曾(Parzen)于 1962 年提出了最简单的核密度估计方法,即考虑一个以 x 为中心,以 h/2 为半径的邻域,用落在这个邻域内的样本个数去估计 x 处的密度函数值。该密度函数的估计值可以表示为:

$$\hat{f}_n(x) = \frac{1}{nh} \sum_{i=1}^{n} H\left(\frac{x-x_i}{h}\right) \tag{2-21}$$

当样本 x_i 落入以 x 为中心,$h/2$ 为半径的邻域时,$H\left(\dfrac{x-x_i}{h}\right)=1$。否则,$H\left(\dfrac{x-x_i}{h}\right)=0$。

但是帕曾(Parzen)提出的这种最简单的核密度估计方法也存在一定的局限性,该方法把 x 邻域里面的所有点看成是一样重要的,这显然不太符合实际。因此,下面给出修正过的核密度估计方法的定义。设 $X_1,X_2,\cdots,X_n$ 是总体的样本,在任意一点 x 处,总体密度函数 $f(x)$ 的核密度估计表达式为:

$$\hat{f}_n(x) = \frac{1}{nh}\sum_{i=1}^{n}K\left(\frac{x-X_i}{h}\right) \qquad (2-22)$$

其中,K 称为核函数,h 称为窗宽。核函数 K 还需满足如下条件:

$$K(x) \geqslant 0, \int_{-\infty}^{+\infty}K(x)dx = 1 \qquad (2-23)$$

2.6 | 本章小结

本章将实证分析中所使用到的相关模型和检验方法都进行了详细介绍,首先,Jarque-Bera、Kolmogorov-Smirnov 以及 Lilliefors 等正态性检验可以初步判断变量的分布情况。其次,通过经验密度函数和核密度估计可以确定变量的边缘分布,并且绘制二元频率直方图。再次,根据二元频率直方图,选择合适的 Copula 函数进行拟合,通过比较不同 Copula 函数的 Pearson 线性相关系数 ρ、Kendall 秩相关系数 τ、Spearman 秩相关系数 ρ_s,选择最优的 Copula 函数。最后,根据最优 Copula 函数推导求出风险溢出值 ΔCoVaR、风险溢出率%CoVaR。

第三章　基于 Copula-CoVaR 模型的系统性风险测度

随着国民经济快速发展,我国已成为世界最大的有色金属生产国和消费国,产销量约占全球的 50%。2018 年,10 种有色金属产量达 5688 万吨,规模以上有色金属企业实现主营业务收入 4.99 万亿元,实现利润 1644 亿元。我国有色金属工业已成为市场化程度最高、适应国际市场变化最快、应对国际市场冲击能力最强、最具国际竞争力的行业之一。

有色金属期货是全球商品期货中发展较早、成熟度高的期货品种,是国际金融市场上极具影响力的金融衍生品,主要集中在伦敦金属交易所、上海期货交易所、纽约商业交易所和东京工业品交易所进行交易,而伦敦金属交易所的有色金属期货合约价格更是被世界公认为是定价标准。上海期货交易所经过 20 年的创新发展,目前拥有了铜、铝、铅、锌、锡、镍、黄金、白银等有色金属期货品种,并推出了期权和上期标准交易平台,已成为中国商品期货市场中最为成熟的产品系列。随着中国有色金属期货市场日趋成熟和影响力的不断扩大,有色金属的上海价格和伦敦价格互为引导,共同成为全球最具影响力的定价参考依据,受到国内外广大生产者、消费者和投资者的青睐。同时,期货功能的充分发挥提高了我国有色金属实体企业的风险管控能力,增强了中国有色金属产业在国际定价体系中的作用和地位,推动了有色金属产业结构调整和转型升级。

基于此,本书以我国有色金属期货市场为研究对象,关注该市场与国外有色金属期货市场间的风险传递和波动溢出,本章基于 Copula-CoVaR 模型对国内期货品种间以及国内外期货品种间的系统性风险进行度量。

3.1 | 国内有色金属期货市场数据分析

3.1.1 样本选择与数据处理

本章的研究对象为国内外有色金属期货市场,本节主要研究国内有色金属期货市场的总指数与单个期货品种之间的风险溢出效应。目前,最具有代表性的国内有色金属期货市场总指数为上期有色金属指数 IMCI,该指数是上海期货交易所发布的首个有色金属综合性指数,选取的标的期货品种有沪铜、沪铝、沪锌、沪铅。2015 年 8 月 12 日,上期有色金属指数 IMCI 又新增了两个标的期货品种沪镍和沪锡。但是,为了方便起见,本节忽略不计上期有色金属指数调整前后带来的影响。综上所述,国内有色金属期货市场的总指数选择上期有色金属指数 IMCI。

由于沪镍、沪锡上市时间比较晚,可研究数据时间跨度较短,而沪铜、沪铝、沪锌、沪铅的上市时间较长,且比重已经超过行业整体的 90%。因此,本节单个有色金属期货品种的选择为沪铜、沪铝、沪锌和沪铅期货,沪镍、沪锡未列入研究范围。本小节选取 2012 年 1 月 5 日至 2019 年 12 月 10 日上海期货交易所上期有色金属指数 IMCI、沪铜、沪铝、沪锌、沪铅日收益率数据,对其进行实证分析,共获得 1876 组数据。所有数据来源于 Wind 资讯。所有计算都由 EViews8.0 软件和 MATLAB R2014a 软件计算完成。

各期货品种和总指数日收益率数据都转化为对数收益率形式,表达式为:

$$R_t = \ln P_t - \ln P_{t-1} \qquad (3-1)$$

其中,R_t 为 t 日收益率,P_t 为 t 日收盘价,P_{t-1} 为 $t-1$ 日收盘价。

3.1.2 描述性统计

将上期有色金属指数 IMCI、沪铜期货、沪铝期货、沪锌期货、沪铅期货的对数收益率序列进行描述性统计,结果如表 3-1 所示。

表 3-1　国内有色金属期货对数收益率描述性统计

变量	均值	标准差	偏度	峰度	J-B统计量	P值
上期有色金属指数 IMCI	−3.76E−05	0.0095	−0.0252	5.9704	694.32	0.0000
沪铜	−6.24E−05	0.0106	0.0906	6.9015	1200	0.0000
沪铝	−5.91E−05	0.0082	0.1483	6.9784	1252	0.0000
沪锌	1.02E−04	0.0116	0.0205	5.2561	400.56	0.0000
沪铅	−7.67E−06	0.0109	0.0877	7.3471	1489	0.0000

数据来源:通过 EViews 8.0 计算和整理所得。

根据表 3-1 所示,上期有色金属指数 IMCI 的偏度为−0.0252、峰度为 5.9704,这与正态分布偏度为 0、峰度为 3 的情况不一致,说明其概率分布密度曲线出现左偏、尖峰的情况。因此,上期有色金属指数 IMCI 不服从正态分布。沪锌与上期有色金属指数 IMCI 类似,也存在左偏、尖峰的分布情况。但是,沪铜、沪铝、沪铅的偏度均为正、峰度也都大于 3,说明它们的概率分布密度曲线出现了右偏、尖峰的分布情况,也都不服从正态分布。

为了更加直观地判断国内有色金属期货市场总指数和单个期货品种日收益率数据的分布情况,下面依次绘制沪铜期货、沪铝期货、沪锌期货、沪铅期货以及上期有色金属指数 IMCI 的频率直方图,如图 3-1、图 3-2、图 3-3、图 3-4、图 3-5 所示。

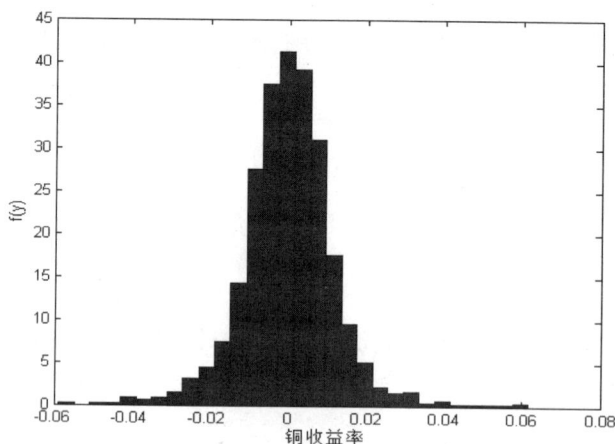

图 3-1　沪铜的频率直方图

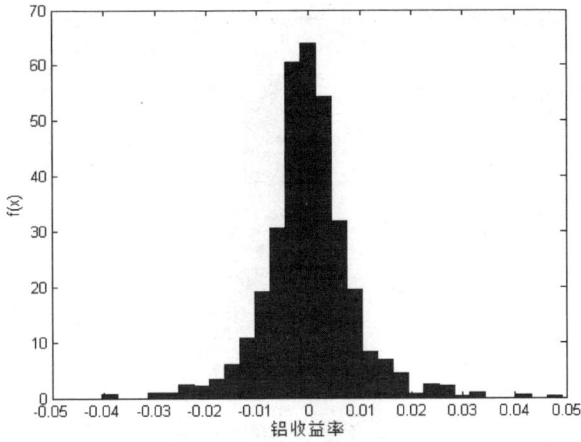

图 3 - 2　沪铝的频率直方图

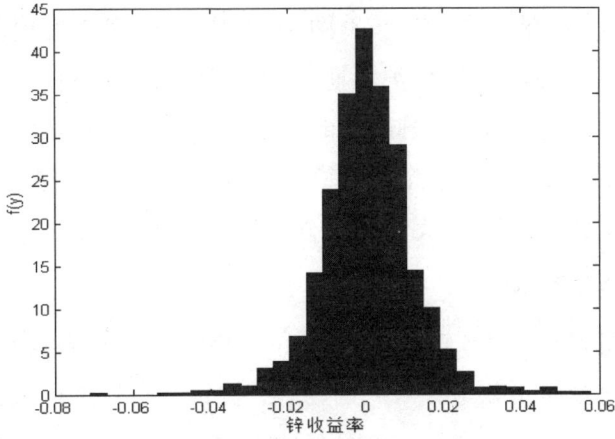

图 3 - 3　沪锌的频率直方图

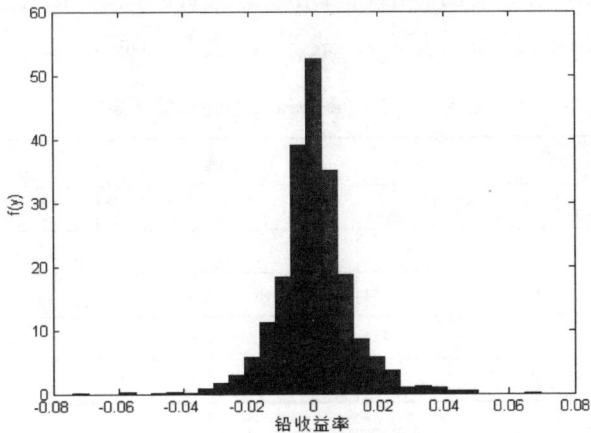

图 3 - 4　沪铅的频率直方图

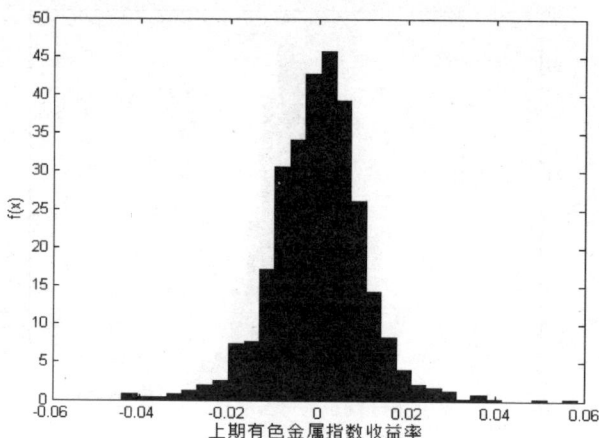

图 3-5 上期有色金属指数 IMCI 的频率直方图

根据图 3-1、图 3-2、图 3-3、图 3-4、图 3-5 可以发现,我国上期有色金属指数 IMCI、沪铜期货、沪铝期货、沪锌期货、沪铅期货日收益率序列的频率直方图都具有基本对称的尾部,但是都呈现出了尖峰的情况。因此,可以初步判断得出国内有色金属期货市场总指数和各个期货品种的日收益率数据均不服从正态分布,无法用正态分布描述相关关系。

3.1.3 正态性检验

下面利用 MATLAB 软件,调用 jbtest 函数、kstest 函数和 lillietest 函数对上期有色金属指数 IMCI、沪铜、沪铝、沪锌、沪铅,进行 Jarque-Bera 正态性检验、Kolmogorov-Smirnov 正态性检验以及 Lilliefors 正态性检验。以此更加准确地判断上期有色金属指数 IMCI、沪铜、沪铝、沪锌、沪铅是否服从正态分布。结果如下表 3-2、表 3-3、表 3-4 所示。

表 3-2　Jarque-Bera 正态性检验结果

变量	H 值	P 值
上期有色金属指数 IMCI	1	0.000
沪铜	1	0.000
沪铝	1	0.000
沪锌	1	0.000
沪铅	1	0.000

数据来源:通过 MATLAB R2014a 计算和整理所得。

从表 3-2 中可以看到,上期有色金属指数 IMCI 的 Jarque-Bera 正态性检验结果为,H 值等于 1,p 值为 1.00E-03,说明上期有色金属指数 IMCI 的日收益率序列拒绝原假设,不服从正态分布。而沪铜期货、沪铝期货、沪锌期货、沪铅期货的 Jarque-Bera 正态性检验结果和上期有色金属指数 IMCI 的结果一样,也都拒绝原假设,都不服从正态分布。由于 Jarque-Bera 正态性检验结果受异常值的影响比较大,因此下面还需要使用其他的正态性检验方法来验证变量是否服从正态分布。

表 3-3 Kolmogorov-Smirnov 正态性检验结果

变量	H 值	P 值
上期有色金属指数 IMCI	1	0.000
沪铜	1	0.000
沪铝	1	0.000
沪锌	1	0.001
沪铅	1	0.000

数据来源:通过 MATLAB R2014a 计算和整理所得。

从表 3-3 中可以看到,上期有色金属指数 IMCI 的 Kolmogorov-Smirnov 正态性检验结果为,H 值等于 1,p 值为 0.0095,说明上期有色金属指数 IMCI 的日收益率序列拒绝原假设,不服从正态分布。沪铜期货的 H 值等于 1,p 值为 6.5694E-04,拒绝原假设,不服从正态分布。沪铝期货的 H 值等于 1,p 值为 5.1752E-07,拒绝原假设,不服从正态分布。沪锌期货的 H 值等于 1,p 值为 0.0013,拒绝原假设,不服从正态分布。沪铅期货的 H 值等于 1,p 值为 1.3849E-07,拒绝原假设,不服从正态分布。因此,上期有色金属指数 IMCI、沪铜期货、沪铝期货、沪锌期货、沪铅期货均都不服从正态分布。

表 3-4 Lilliefors 正态性检验结果

变量	H 值	P 值
上期有色金属指数	1	1.00E-03
沪铜	1	1.00E-03

变量	H 值	P 值
沪铝	1	1.00E－03
沪锌	1	1.00E－03
沪铅	1	1.00E－03

数据来源:通过 MATLAB R2014a 计算和整理所得。

从表 3－4 中可以看到,上期有色金属指数 IMCI 的 Lilliefors 正态性检验结果为,H 值等于 1,p 值为 1.00E－03,拒绝原假设,说明上期有色金属指数 IMCI 的日收益率序列不服从正态分布。而沪铜期货、沪铝期货、沪锌期货、沪铅期货的 Lilliefors 正态性检验结果和上期有色金属指数 IMCI 的结果一样,H 值也都等于 1,p 值也都等于 1.00E－03,都拒绝原假设,都不服从正态分布。

3.1.4 确定边缘分布

确定边缘分布时常采用非参数法对总体分布不确定的随机变量进行估计,可以利用 MATLAB 软件调用 ecdf 函数求出样本的经验分布函数,近似作为总体的分布函数。同时,也可以调用 ksdentity 函数进行核密度估计。下面分别绘制了随机变量经验分布函数和核分布估计的拟合情况,所得结果如图 3－6、图 3－7、图 3－8、图 3－9、图 3－10 所示。

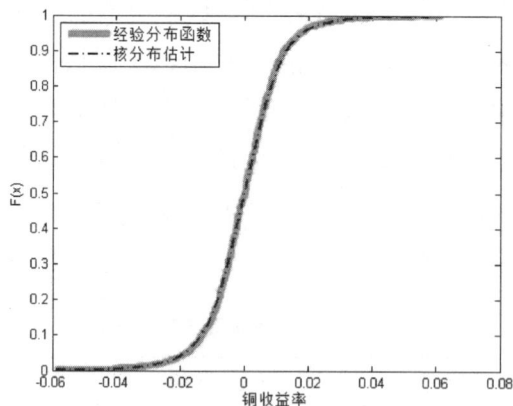

图 3－6 沪铜经验分布和核分布估计图

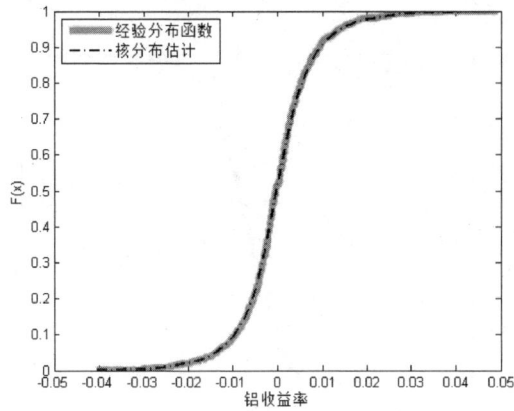

图 3-7　沪铝经验分布和核分布估计图

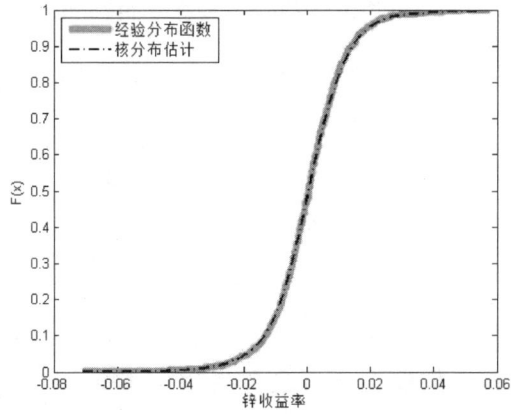

图 3-8　沪锌经验分布和核分布估计图

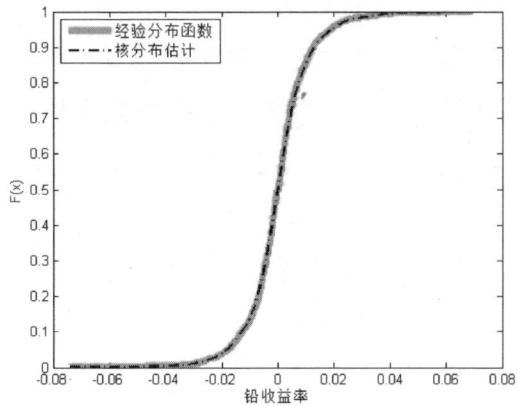

图 3-9　沪铅经验分布和核分布估计图

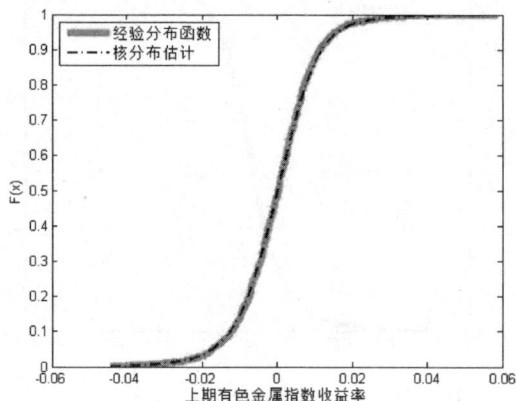

图 3-10　上期有色金属指数经验分布和核分布估计图

根据图 3-6、图 3-7、图 3-8、图 3-9、图 3-10 可知,上期有色金属指数 IMCI、沪铜、沪铝、沪锌、沪铅的经验分布函数和核分布估计图基本重合,因此使用经验分布函数和核分布估计这两种非参数法进行的拟合效果基本相同。又由于核分布估计从数据样本本身出发,不预先设定数据分布的情况,在数据拟合方面占有一定的优势。因此,本文利用 MATLAB 软件调用 ksdentity 函数对国内有色金属期货市场中沪铜、沪铝、沪锌、沪铅和总指数上期有色金属指数 IMCI 进行核分布估计,并确定边缘分布。

3.1.5　选择最优 Copula 函数

根据上面的核分布估计确定了沪铜、沪铝、沪锌、沪铅和上期有色金属指数 IMCI 的边缘分布,接下来需要分别绘制沪铜、沪铝、沪锌、沪铅与上期有色金属指数 IMCI 的二元频率直方图,根据常用二元 Copula 函数的分布情况,初步选择合适的 Copula 函数将沪铜、沪铝、沪锌、沪铅的边缘分布函数与上期有色金属指数 IMCI 的边缘分布函数进行连接。结果如图 3-11、图 3-12、图 3-13、图3-14 所示。

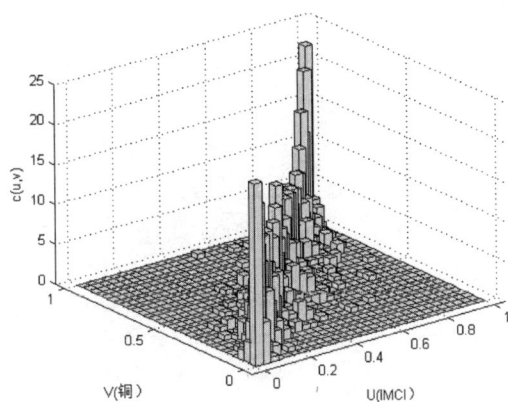

图 3 - 11   IMCI 和沪铜边缘分布的二元频率直方图

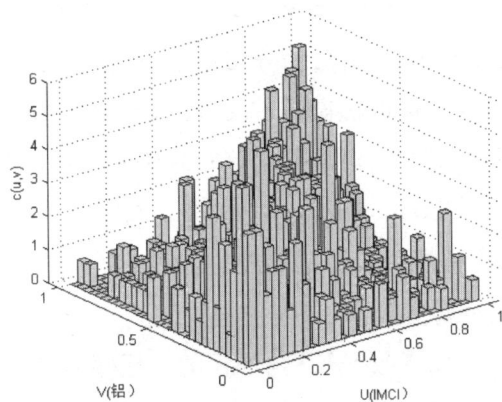

图 3 - 12   IMCI 和沪铝边缘分布的二元频率直方图

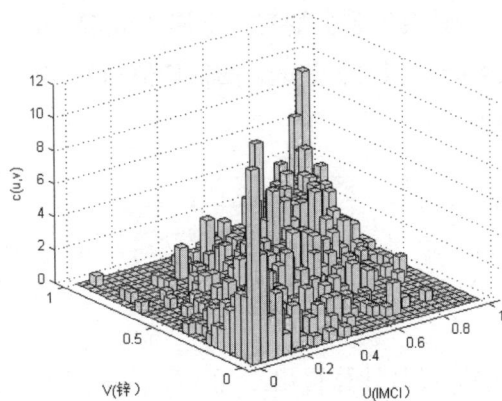

图 3 - 13   IMCI 和沪锌边缘分布的二元频率直方图

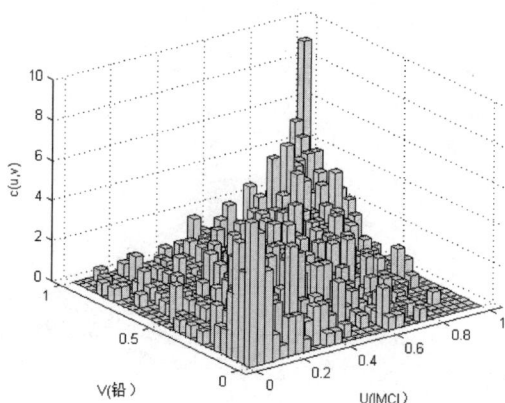

图 3 - 14 IMCI 和沪铅边缘分布的二元频率直方图

通过观察以上所作出的二元频率直方图可以发现,图3-11具有对称的尾部,根据常用二元 Copula 函数的分布情况,可以初步判断上期有色金属指数 IMCI 和沪铜可以选取椭圆族 Copula 函数进行拟合。图 3 - 13 和图 3 - 14 具有基本对称的尾部,可以使用分布较为对称的二元正态 Copula、二元 t-Copula 和 Frank Copula 函数进行拟合。而图 3 - 12 的分布情况不明显,因此需要比较五种常用二元 Copula 函数的拟合情况。

(1) 上期有色金属指数 IMCI 与沪铜

由于上期有色金属指数 IMCI 与沪铜的二元频率直方图具有对称的尾部,因此,可以运用二元正态 Copula 函数、二元 t-Copula 函数分别对上期有色金属指数 IMCI 和沪铜进行拟合。

运用 MATLAB 计算得到上期有色金属指数 IMCI 和沪铜期货的二元正态 Copula 函数的线性相关参数 $\hat{\rho}_{norm}$ 的估计值为 0.9729,进而得到二元正态 Copula 函数的表达式:

$$\hat{C}^{Ga}(\hat{u},\hat{v}) = \int_{-\infty}^{\Phi^{-1}(\hat{u})} \int_{-\infty}^{\Phi^{-1}(\hat{v})} = \frac{1}{2\pi\sqrt{1-0.9729^2}}$$

$$\exp\left\{-\frac{s^2 - 2\times 0.9729st + t^2}{2\times(1-0.9729^2)}\right\}dsdt \qquad (3-2)$$

同理,运用 MATLAB 计算得出二元 t-Copula 函数的线性相关参数 $\hat{\rho}_t$ 为 0.9771、自由度 k 为 2,具体表达式为:

$$\hat{C}^t(\hat{u},\hat{v}) = \int_{-\infty}^{t_3^{-1}(\hat{u})} \int_{-\infty}^{t_3^{-1}(\hat{v})} \frac{1}{2\pi\sqrt{1-0.9771^2}}$$

$$\exp\left[1 + \frac{s^2 - 2 \times 0.9771st + t^2}{2 \times (1-0.9906^2)}\right]^{-(2+2)/2} dsdt \qquad (3-3)$$

计算得出上期有色金属指数 IMCI 和沪铜的二元正态 Copula 函数和二元 t-Copula 函数的线性相关参数以后，可以通过绘制二元 Copula 密度函数图和二元 Copula 分布函数图，直观地比较二元正态 Copula 函数和二元 t-Copula 函数的尾部拟合效果。结果如图 3－15、图 3－16、图 3－17、图 3－18 所示。

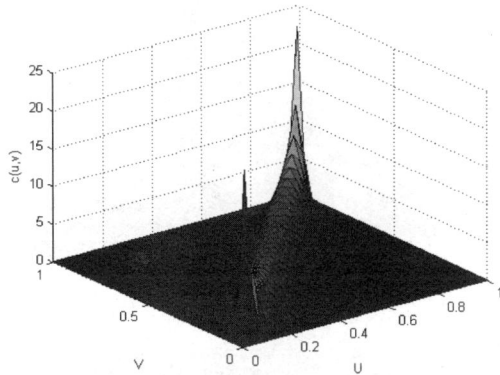

图 3－15　二元正态 Copula 密度函数图

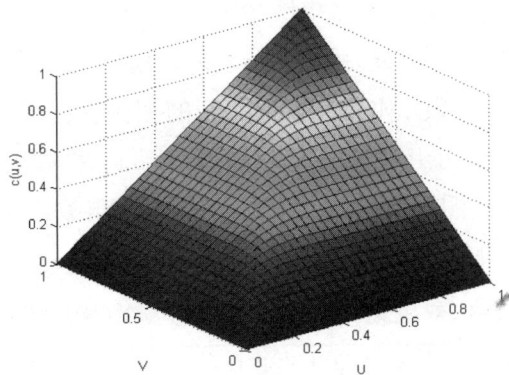

图 3－16　二元正态 Copula 分布函数图

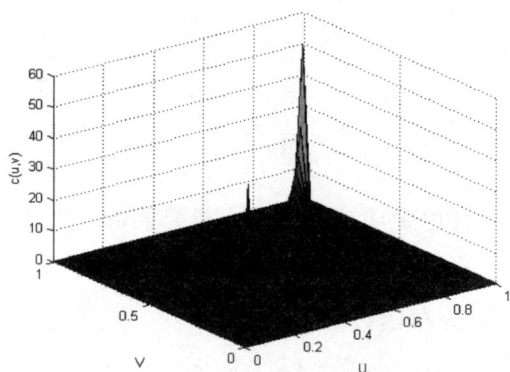

图 3 - 17　二元 t-Copula 密度函数图

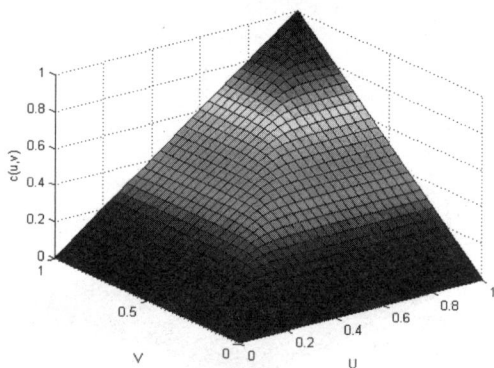

图 3 - 18　二元 t-Copula 分布函数图

根据图 3 - 15、图 3 - 16、图 3 - 17、图 3 - 18 所示,线性相关系数为 0.9771 的二元 t-Copula 函数比线性相关系数为 0.9729 的二元正态 Copula 函数具有更厚的尾部。因此,可以初步判断,选择二元 t-Copula 可以更好地拟合上期有色金属指数 IMCI 与沪铜之间的相关性。但是为了严谨考虑,需要进一步求解 Kendall 秩相关系数和 Spearman 秩相关系数。如果二元 Copula 函数的 Kendall 秩相关系数、Spearman 秩相关系数与原始数据的秩相关系数越接近,那么该函数就拟合得越好。结果如表 3 - 5 所示。

表 3 - 5　上期有色金属 IMCI 和沪铜的秩相关系数

变量	二元正态 Copula	二元 t-Copula	原始数据
Kendall 秩相关系数	0.8515	0.8636	0.8678
Spearman 秩相关系数	0.9703	0.9623	0.9706

数据来源:通过 MATLAB R2014a 计算和整理所得。

根据表 3 - 5 可知,关于 Kendall 秩相关系数的比较,二元正态 Copula 函数秩相关系数为 0.8515,二元 t-Copula 函数秩相关系数为 0.8636,原始数据秩相关系数为 0.8678。因此,二元 t-Copula 函数的 Kendall 秩相关系数与原始数据更接近,可以更好地反映上期有色金属 IMCI 与沪铜之间的相关性。关于 Spearman 秩相关系数的比较,二元正态 Copula 函数的秩相关系数为 0.9703,二元 t-Copula 函数的秩相关系数为 0.9623,原始数据的秩相关系数为 0.9706。因此,二元正态 Copula 函数的 Spearman 秩相关系数与原始数据更接近,可以更好地反映上期有色金属指数 IMCI 与沪铜的相关性。

通过秩相关系数的比较,得出了两种不同的结果,因此需要进一步引入平方欧式距离来比较这两种 Copula 函数拟合情况的优劣。平方欧式距离越小,就代表该函数可以更好地拟合原始数据。计算结果如表 3 - 6 所示。

表 3 - 6　上期有色金属 IMCI 和沪铜的平方欧式距离

函数类型	参数估计	平方欧式距离
二元正态 Copula 函数	$\hat{\rho}_{norm}=0.9729$	130.8111
二元 t-Copula 函数	$\hat{\rho}_{t}=0.9771$	131.0440

数据来源:通过 MATLAB R2014a 计算和整理所得。

根据表 3 - 6 可知,二元正态 Copula 函数的平方欧氏距离为 130.8111,二元 t-Copula 函的平方欧氏距离为 131.0440。因此,二元正态 Copula 函数的平方欧式距离更短,可以更好地拟合上期有色金属指数 IMCI 与沪铜之间的相关性。

通过线性相关系数、秩相关系数和平方欧式距离的比较,我们发现 Spearman 秩相关系数的检验结果与最小平方欧式距离的检验结果一致,都是二元正态 Copula 函数能更好地拟合变量之间的相关性。由于 Kendall 秩相关系会受异常值的影响,所以本文选择二元正态 Copula 函数拟合上期有色金属指数 IMCI 和沪铜的日收益率数据。

（2）上期有色金属指数 IMCI 与沪铝

由于上期有色金属指数 IMCI 与沪铝的二元频率直方图分布特征不明显,因此,需要分别计算比较二元正态 Copula 函数、二元 t-Copula 函数、

Gumbel Copula 函数、Clayton Copula 函数以及 Frank Copula 函数的 Kendall 秩相关系数和 Spearman 秩相关系数，最终选择最优的 Copula 函数对上期有色金属指数 IMCI 和沪铝进行拟合。需要指出的是，Gumbel Copula 函数和 Clayton Copula 函数由于分布的特殊性，因此没有 Spearman 秩相关系数。结果如表 3-7 所示。

表 3-7　上期有色金属 IMCI 和沪铝的秩相关系数

函数类型	Kendall 秩相关系数	Spearman 秩相关系数
二元正态 Copula 函数	0.3959	0.5645
二元 t-Copula 函数	0.4170	0.5846
Gumbel Copula 函数	0.3900	——
Clayton Copula 函数	0.3152	——
Frank Copula 函数	0.4443	0.6283
原始数据	0.4301	0.5969

数据来源：通过 MATLAB R2014a 计算和整理所得。

根据表 3-7 可知，关于 Kendall 秩相关系数的比较，Frank Copula 函数的秩相关系数与原始数据的系数最接近。关于 Spearman 秩相关系数的比较，却得出了不同的结果，即二元 t-Copula 函数的秩相关系数与原始数据的系数更接近。因此，仍然需要进一步计算平方欧式距离的大小来确定最优 Copula 函数。平方欧式距离结果如表 3-8 所示。

表 3-8　上期有色金属 IMCI 和沪铝的平方欧式距离

函数类型	参数估计	平方欧式距离
二元 t-Copula 函数	$\hat{\rho}_t = 0.9771$	92.1600
Frank Copula 函数	$\alpha_{Frank} = 4.8059$	92.8562

数据来源：通过 MATLAB R2014a 计算和整理所得。

根据表 3-8 可知，二元 t-Copula 函数的平方欧式距离为 92.1600，Frank Copula 函数的平方欧式距离为 92.8562。因此，二元 t-Copula 函数的平方欧式距离更小，可以更好地拟合上期有色金属指数 IMCI 和沪铝的日收益率数据。

（3）上期有色金属指数 IMCI 与沪锌

由于上期有色金属指数 IMCI 与沪锌的二元频率直方图具有基本对称的尾部，因此，需要分别计算二元正态 Copula 函数、二元 t-Copula 函数以及 Frank Copula 函数的 Kendall 秩相关系数和 Spearman 秩相关系数，以此选择最优的 Copula 函数。结果如表 3-9 所示。

表 3-9　上期有色金属 IMCI 和沪锌的秩相关系数

函数类型	Kendall 秩相关系数	Spearman 秩相关系数
二元正态 Copula 函数	0.5687	0.7642
二元 t-Copula 函数	0.5795	0.7727
Frank Copula 函数	0.5960	0.7971
原始数据	0.5896	0.7853

数据来源：通过 MATLAB R2014a 计算和整理所得。

根据表 3-9 可知，关于 Kendall 秩相关系数的比较，Frank Copula 函数的秩相关系数与原始数据最接近，可以更好地反映上期有色金属指数 IMCI 与沪锌之间的相关性。关于 Spearman 秩相关系数的比较，也得出了相同的结果。因此，选择 Frank Copula 函数拟合上期有色金属指数 IMCI 和沪锌的日收益率数据。

（4）上期有色金属指数 IMCI 与沪铅

由于上期有色金属指数 IMCI 与沪铅的二元频率直方图具有基本对称的尾部，因此，同样需要分别计算和比较二元正态 Copula 函数、二元 t-Copula 函数以及 Frank Copula 函数的 Kendall 秩相关系数和 Spearman 秩相关系数。结果如表 3-10 所示。

表 3-10　上期有色金属 IMCI 和沪铅的秩相关系数

函数类型	Kendall 秩相关系数	Spearman 秩相关系数
二元正态 Copula 函数	0.4687	0.6540
二元 t-Copula 函数	0.4822	0.6648
Frank Copula 函数	0.4967	0.6909
原始数据	0.4853	0.6663

数据来源：通过 MATLAB R2014a 计算和整理所得。

根据表 3-10 可知,关于 Kendall 秩相关系数的比较,二元 t-Copula 函数与原始数据的秩相关系数最接近。关于 Spearman 秩相关系数的比较,得出了相同的结果。因此,选择二元 t-Copula 函数函数可以更好地拟合上期有色金属指数 IMCI 和沪铅的日收益率数据。

3.1.6 计算条件风险价值 CoVaR

本小节主要研究的是当国内有色金属期货市场整体陷入困境时,对沪铜、沪铝、沪锌、沪铅的风险溢出大小,以及当沪铜、沪铝、沪锌、沪铅分别陷入困境时,对国内有色金属期货市场整体的风险溢出大小。发生危机时的分位点可以选取 1%、2.5%、5% 等。根据实证研究选取的样本数量,本文选取的分位点为 2.5%。根据上文选取的最优 Copula 函数,采用 Monte Carlo 模拟方法,计算得出无条件风险价值 VaR、条件风险价值 CoVaR、风险溢出值 ΔCoVaR 以及风险溢出率%CoVaR。

下面,以上期有色金属指数 IMCI 和沪铜为例,计算当上期有色金属指数 IMCI 陷入困境时,对沪铜的风险溢出大小。基于前面选择最优 Copula 函数的结果,选用二元正态 Copula 函数拟合上期有色金属指数 IMCI 和沪铜的日收益率数据,求出上期有色金属指数 IMCI 对沪铜的无条件风险价值 VaR 为 −0.0244,条件风险极值 CoVaR 为 −0.0331,风险溢出值 ΔCoVaR 为 −0.0087,风险溢出率为 35.66%。下面整理得出我国上期有色金属指数 IMCI 陷入困境时,对沪铜、沪铝、沪锌、沪铅的风险溢出效应的全部结果,如表 3-11 所示。

表 3-11　上期有色金属指数 IMCI 对沪铜、沪铝、沪锌、沪铅的风险溢出效应

	VaR	CoVaR	ΔCoVaR	%CoVaR
上期有色金属指数 IMCI 对沪铜	−0.0244	−0.0331	−0.0087	35.66%
上期有色金属指数 IMCI 对沪铝	−0.0187	−0.0315	−0.0128	68.45%
上期有色金属指数 IMCI 对沪锌	−0.0246	−0.0447	−0.0201	81.71%
上期有色金属指数 IMCI 对沪铅	−0.0246	−0.0491	−0.0245	99.59%

数据来源:通过 MATLAB R2014a 计算和整理所得。

根据表 3-11 可知,当上期有色金属指数 IMCI 陷入困境时,对沪铜的风险溢出率为 35.66%,对沪铝的风险溢出率为 68.45%,对沪锌的风险溢出率为 87.71%,对沪铅的风险溢出率为 92.20%。

同样,以沪铜为例,计算当沪铜陷入困境时,对上期有色金属指数 IMCI 的无条件风险价值 VaR 为 -0.0218,条件风险极值 CoVaR 为 -0.0303,风险溢出值 ΔCoVaR 为 -0.0085,风险溢出率为 38.99%。下面整理得出我国沪铜、沪铝、沪锌、沪铅陷入困境时,对国内总指数上期有色金属指数 IMCI 的风险溢出效应的全部结果,如表 3-12 所示。

表 3-12　沪铜、沪铝、沪锌、沪铅对上期有色金属指数 IMCI 的风险溢出效应

	VaR	CoVaR	ΔCoVaR	%CoVaR
沪铜对上期有色金属指数 IMCI	-0.0218	-0.0303	-0.0085	38.99%
沪铝对上期有色金属指数 IMCI	-0.0218	-0.0378	-0.0160	73.39%
沪锌对上期有色金属指数 IMCI	-0.0218	-0.0408	-0.0190	87.16%
沪铅对上期有色金属指数 IMCI	-0.0218	-0.0419	-0.0201	92.20%

数据来源:通过 MATLAB R2014a 计算和整理所得。

根据表 3-12 可知,当沪铜陷入困境时,对上期有色金属指数 IMCI 的风险溢出率为 38.99%。当沪铝陷入困境时,对上期有色金属指数 IMCI 的风险溢出率为 73.39%。当沪锌陷入困境时,对上期有色金属指数 IMCI 的风险溢出率为 87.16%。当沪铅陷入困境时,对上期有色金属指数 IMCI 的风险溢出率为 92.20%。

3.1.7　实证结果分析

分别整理得出有色金属期货市场整体陷入困境时,对沪铜、沪铝、沪锌、沪铅的风险溢出率%CoVaR,以及沪铜、沪铝、沪锌、沪铅陷入困境时对有色金属期货行业整体的风险溢出率%CoVaR。将两个方向的风险溢出率进行比较分析,结果如表 3-13 所示。需要特别说明的是,表 3-13 中"各品种%CoVaR"表示上期有色金属指数 IMCI 陷入困境时对各个期货品种的风险溢出率。"行业整体%CoVaR"表示各个期货品种陷入困境时对上期有色金属 IMCI 的风险溢出率。

表 3-13　沪铜、沪铝、沪锌、沪铅和有色金属期货市场整体之间的%CoVaR

	各品种%CoVaR	行业整体%CoVaR
沪铜	35.66%	38.99%
沪铝	68.45%	73.39%
沪锌	81.71%	87.16%
沪铅	99.59%	92.20%

数据来源：通过 MATLAB R2014a 计算和整理所得。

根据表 3-13 可知，当有色金属期货市场整体发生极端情况时对沪铜的风险溢出率为 35.66%，小于沪铜发生极端情况时对有色金属期货市场整体的风险溢出率 38.99%。这说明沪铜对有色金属期货市场整体的系统性风险有不小的贡献，这也与铜在整体有色金属行业中的重要地位是相符的。另外，沪铝、沪锌与沪铜的结果一样，也是有色金属期货市场整体对其风险溢出率小于各自对市场整体的风险溢出率。但是需要重点关注的是，当有色金属期货市场整体发生极端情况时对沪铅的风险溢出率大于沪铅发生极端情况时对市场整体的风险溢出率。这说明一旦有色金属期货市场整体陷入困境时，会放大对沪铅的风险溢出效应。因此，沪铅抵御风险的能力和风险管理水平都有待提高。

下面根据有色金属期货行业整体陷入困境时，对沪铜、沪铝、沪锌、沪铅的风险溢出值 ΔCoVaR，以及沪铜、沪铝、沪锌、沪铅陷入困境时对有色金属期货行业整体的风险溢出值 ΔCoVaR，将两个方向的风险溢出值做差，计算得出风险溢出方向，并根据风险溢出值的差值大小进行排序。结果如表3-14所示。需要特别说明的是，表 3-14 中"各品种 ΔCoVaR"表示上期有色金属指数 IMCI 陷入困境时对各个期货品种的风险溢出值。"行业整体 ΔCoVaR"表示各个期货品种陷入困境时对上期有色金属 IMCI 的风险溢出值。

表 3-14　各个品种对有色金属期货市场整体的风险溢出效应排序

	各品种 ΔCoVaR	行业整体 ΔCoVaR	风险溢出方向	排序
沪铝	−0.0128	−0.0160	0.0032	1
沪铜	−0.0087	−0.0085	−0.0002	2

	各品种 ΔCoVaR	行业整体 ΔCoVaR	风险溢出方向	排序
沪锌	-0.0201	-0.0190	-0.0011	3
沪铅	-0.0245	-0.0201	-0.0044	4

数据来源:通过 MATLAB R2014a 计算和整理所得。

根据表 3-14 所示,沪铝对有色金属期货市场整体风险溢出方向为正,排名第一,说明沪铝陷入困境时对有色金属期货市场整体产生的风险溢出效应最大。这就说明,一旦沪铝陷入困境,会对国内整个有色金属期货市场产生较大的冲击。因此,监管部门在对所有期货品种加强监督的同时,应该更加重视对沪铝的监管,当风险发生时,及时作出风险预警防范措施。

3.2 | 国内外有色金属期货市场数据比较分析

3.2.1 样本选择与数据处理

上一节主要研究国内有色金属期货市场总指数和各品种之间的风险溢出情况,本节主要研究国内有色金属期货市场与国外有色金属期货市场之间的互相的风险溢出效应,因此需要选择一个具有代表性的国外有色金属期货市场进行研究。国外最具影响力的有色金属期货交易所非英国伦敦金属交易所莫属,从交易品种来看,伦敦金属交易所与国内有色金属期货市场的品种基本相同。但是从价格主导权来讲,伦敦金属交易所具有一定的定价权,因而从理论上讲会对国内的色金属期货市场具有一定的风险溢出效应。综上所述,国内外有色金属期货市场的总指数选择上期有色金属指数IMCI 和伦敦 LME 基本金属指数。国内有色金属期货市场的单个品种选择沪铜、沪铝、沪锌、沪铅,与之相对应的伦敦期货交易所单个期货品种选择LME 铜、LME 铝、LME 锌、LME 铅。考虑到节假日不交易以及两国交易时间不同等因素,剔除不相同数据,选取 2012 年 1 月 9 日至 2018 年 1 月 17日,共获得 1155 组数据。所有数据来源于 Wind 资讯。所有计算都由EViews8.0 软件和 MATLAB R2014a 软件完成。

总指数和各期货品种收益率序列都转化为对数收益率形式,表达式为:

$$R_t = \ln P_t - \ln P_{t-1} \qquad (3-4)$$

其中,R_t 为 t 日收益率,P_t 为 t 日收盘价,P_{t-1} 为 t−1 日收盘价。

3.2.2 描述性统计

上一节已经对国内上期有色金属指数 IMCI、沪铜、沪铝、沪锌、沪铅对数收益率序列进行了描述性统计,因此本节主要对伦敦金属交易所 LME 基本金属指数、LME 铜、LME 铝、LME 锌、LME 铅对数收益率序列进行描述性统计,结果如表 3−15 所示。

表 3−15 国外有色金属期货对数收益率描述性统计

变量	均值	标准差	偏度	峰度	J−B统计量	P值
LME 基本金属指数	0.0001	0.0119	0.2220	6.8042	705.9506	0.0000
LME 铜	0.0001	0.0130	0.3539	6.2312	526.5528	0.0000
LME 铝	0.0000	0.0117	0.3176	3.4815	30.5692	0.0000
LME 锌	0.0006	0.0148	0.1644	5.1942	236.9092	0.0000
LME 铅	0.0003	0.0153	0.0557	4.4608	103.2921	0.0000

数据来源:通过 EViews 8.0 计算和整理所得。

根据表 3−15 所示,伦敦金属交易所 LME 基本金属指数的偏度为正、峰度大于3,这与正态分布偏度为0、峰度为3的情况不一致,说明其概率分布密度曲线出现右偏、尖峰的情况。因此,伦敦金属交易所 LME 基本金属指数不服从正态分布。此外,LME 铜、LME 铝、LME 锌、LME 铅期货偏度也均为正、峰度也均大于3,因此,也都不服从正态分布。

为了更加直观地判断国外有色金属期货市场收益率的分布类型,下面依次绘制出 LME 铜期货、LME 铝期货、LME 锌期货、LME 铅期货以及 LME 基本金属指数的频率直方图,如图 3−19、图 3−20、图 3−21、图 3−22、图 3−23 所示。

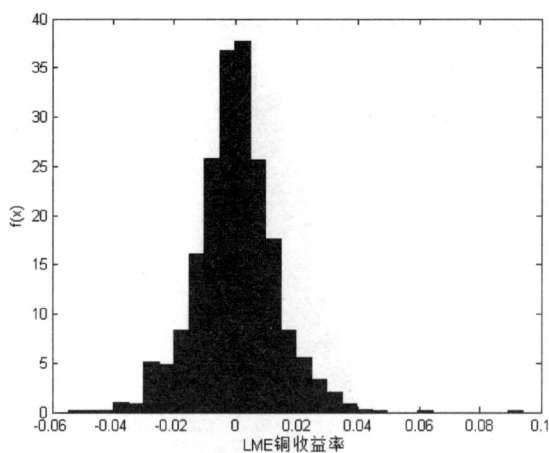

图 3 - 19　LME 铜的频率直方图

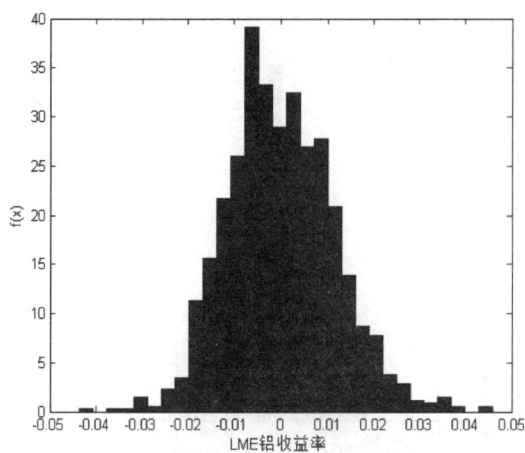

图 3 - 20　LME 铝的频率直方图

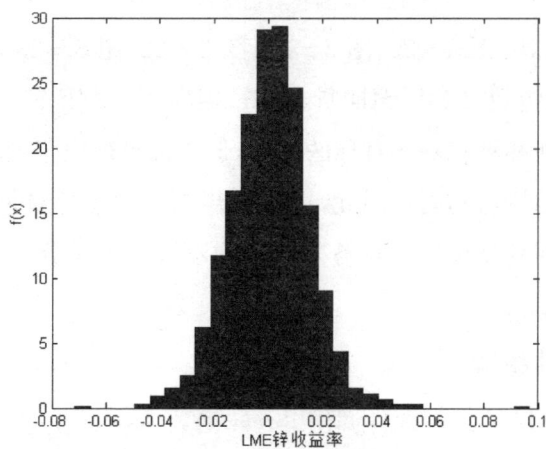

图 3 - 21　LME 锌的频率直方图

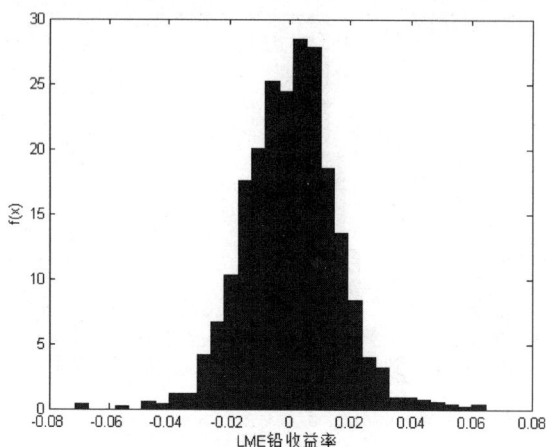

图 3 - 22　LME 铅的频率直方图

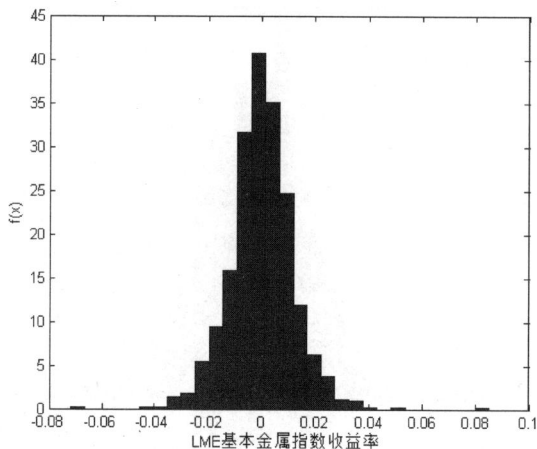

图 3 - 23　LME 基本金属指数的频率直方图

根据图 3 - 19、图 3 - 20、图 3 - 21、图 3 - 22、图 3 - 23 可以发现,国外 LME 基本金属指数、LME 铜期货、LME 铝期货、LME 锌期货、LME 铅期货日收益率序列都具有基本对称的尾部,但是都呈现出了尖峰的分布情况,这与正态分布的特点不同。因此,可以初步判断出国外有色金属期货市场总指数和各个期货品种的日收益率数据均不服从正态分布,无法用正态分布描述相关关系。

3.2.3　正态性检验

下面利用 MATLAB 软件调用 jbtest 函数、kstest 函数和 lillietest 函数

对 LME 基本金属指数、LME 铜、LME 铝、LME 锌、LME 铅,进行 Jarque-Bera 正态性检验、Kolmogorov-Smirnov 正态性检验以及 Lilliefors 正态性检验。以此更加准确地判断 LME 基本金属指数、LME 铜、LME 铝、LME 锌、LME 铅是否服从正态分布。结果如下表 3－16、3－17、3－18 所示。

表 3－16 Jarque-Bera 正态性检验结果

	H 值	P 值
LME 基本金属指数	1	1.00E－03
LME 铜	1	1.00E－03
LME 铝	1	1.00E－03
LME 锌	1	1.00E－03
LME 铅	1	1.00E－03

数据来源:通过 MATLAB R2014a 计算和整理所得。

从表 3－16 中可以看到,LME 基本金属指数的 Jarque-Bera 正态性检验结果为,H 值等于 1,p 值为 1.00E－03,说明 LME 基本金属指数的日收益率序列拒绝原假设,不服从正态分布。而 LME 铜期货、LME 铝期货、LME 锌期货、LME 铅期货的 Jarque-Bera 正态性检验结果和 LME 基本金属指数的结果一样,也都拒绝原假设,均不服从正态分布。

表 3－17 Kolmogorov-Smirnov 正态性检验结果

	H 值	P 值
LME 基本金属指数	1	0.0067
LME 铜	1	3.90E－13
LME 铝	1	0.0017
LME 锌	1	0.0026
LME 铅	1	0.0077

数据来源:通过 MATLAB R2014a 计算和整理所得。

从表 3－17 中可以看到,LME 基本金属指数的 Kolmogorov-Smirnov 正态性检验结果为,H 值等于 1,p 值为 0.0067,p 值小于 0.05,说明 LME 基本金属指数的日收益率序列拒绝原假设,不服从正态分布。LME 铜期货的 H 值等于 1,p 值为 3.90E-13,p 值小于 0.05,说明 LME 铜期货日收益率序列拒绝原假设,不服从正态分布。LME 铝期货的 H 值等于 1,p 值为 0.0017,p 值小于 0.05,说明 LME 铝期货的日收益率序列拒绝原假设,不服从正态分布。LME 锌期货的 H 值等于 1,p 值为 0.0026,p 值小于 0.05,说明 LME 锌期货日收益率序列拒绝原假设,不服从正态分布。LME 铅期货的 H 值等于 1,p 值为 0.0077,p 值小于 0.05,说明 LME 铅期货的日收益率序列拒绝原假设,不服从正态分布。因此,LME 基本金属指数、LME 铜期货、LME 铝期货、LME 锌期货、LME 铅期货均都不服从正态分布。

表 3-18 Lilliefors 正态性检验结果

	H 值	P 值
LME 基本金属指数	1	1.00E-03
LME 铜	1	1.00E-03
LME 铝	1	1.00E-03
LME 锌	1	1.00E-03
LME 铅	1	1.00E-03

数据来源:通过 MATLAB R2014a 计算和整理所得。

从表 3-18 中可以看出,LME 基本金属指数的 Lilliefors 正态性检验结果为,H 值等于 1,p 值为 1.00E-03,说明 LME 基本金属指数的日收益率序列拒绝原假设,不服从正态分布。而 LME 铜期货、LME 铝期货、LME 锌期货、LME 铅期货的 Lilliefors 正态性检验结果和 LME 基本金属指数的结果一样,也都拒绝原假设,均不服从正态分布。

3.2.4 确定边缘分布

下面使用 MATLAB 软件分别拟合 LME 基本金属指数、LME 铜期货、LME 铝期货、LME 锌期货、LME 铅期货的经验分布函数和核分布估计图,所得结果如图 3-24、图3-25、图 3-26、图 3-27、图 3-28 所示。

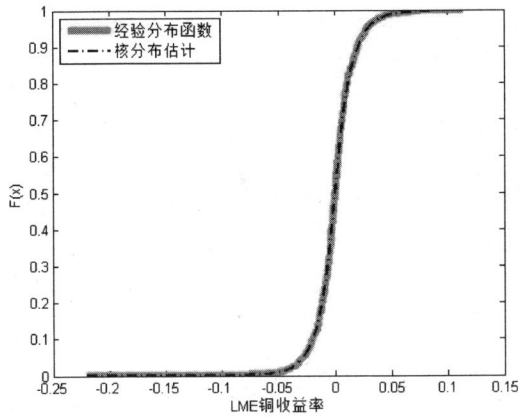

图 3‐24　LME 铜经验分布和核分布估计图

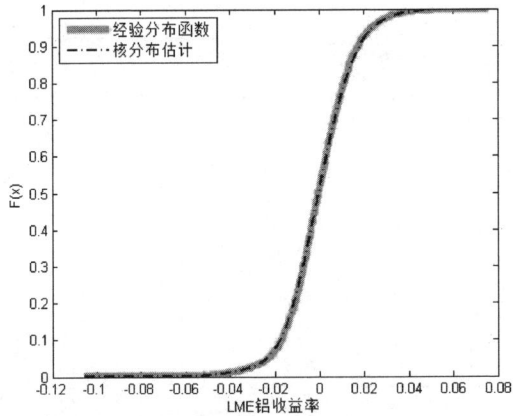

图 3‐25　LME 铝经验分布和核分布估计图

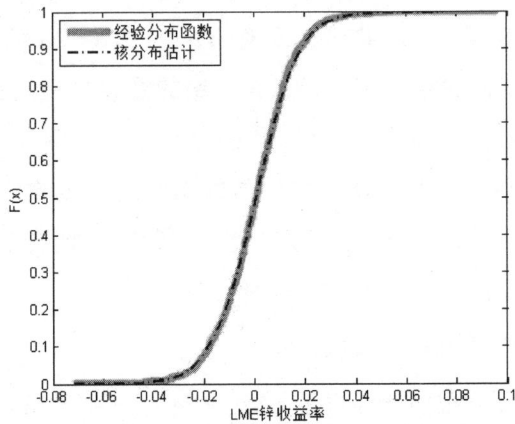

图 3‐26　LME 锌经验分布和核分布估计图

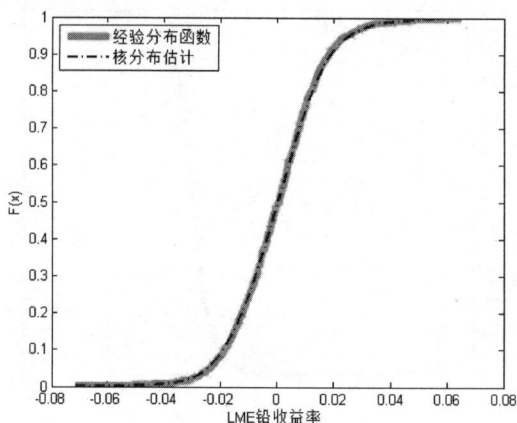

图 3‑27　LME 铅经验分布和核分布估计图

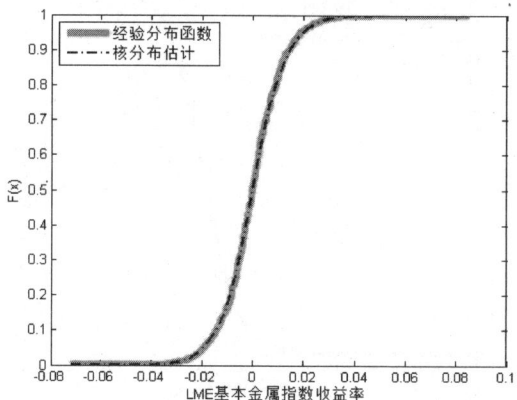

图 3‑28　LME 的经验分布和核分布估计图

根据图 3‑24、图 3‑25、图 3‑26、图 3‑27、图 3‑28 可知,LME 基本金属指数、LME 铜、LME 铝、LME 锌、LME 铅的经验分布函数和核分布估计图基本重合,说明使用经验分布函数和核分布估计这两种非参数法进行的拟合效果基本相同。由于核分布估计不预先设定分布的情况,在数据拟合方面具有一定的优势。因此,本文选用核分布估计确定 LME 基本金属指数、LME 铜、LME 铝、LME 锌、LME 铅的边缘分布。

3.2.5 选择最优 Copula 函数

根据上面的核分布估计确定了 LME 基本金属指数、LME 铜、LME 铝、LME 锌、LME 铅的边缘分布,接下来需要分别绘制上期有色金属指数

IMCI 和 LME 基本金属指数、沪铜和 LME 铜、沪铝和 LME 铝、沪锌和 LME 锌、沪铅和 LME 铅边缘分布的二元频率直方图,根据常用二元 Copula 函数的分布情况,初步选择合适的 Copula 函数将上期有色金属指数 IMCI 和 LME 基本金属指数、沪铜和 LME 铜、沪铝和 LME 铝、沪锌和 LME 锌、沪铅和 LME 铅的边缘分布函数进行连接。结果如图 3 - 29、图 3 - 30、图 3 - 31、图 3 - 32、图3 - 33 所示。

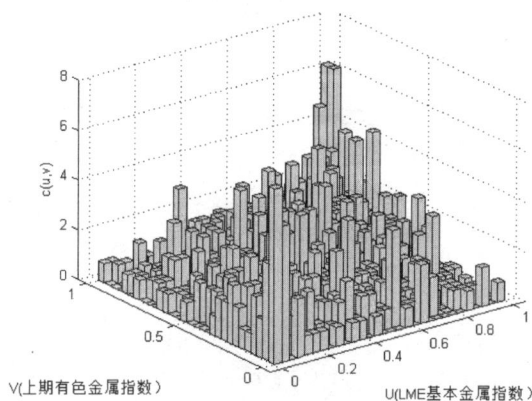

图 3 - 29　上期有色金属指数 IMCI 和 LME 基本金属指数边缘分布的二元频率直方图

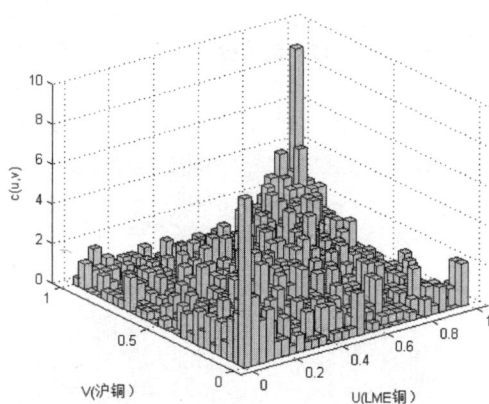

图 3 - 30　铜收益率边缘分布的二元频率直方图

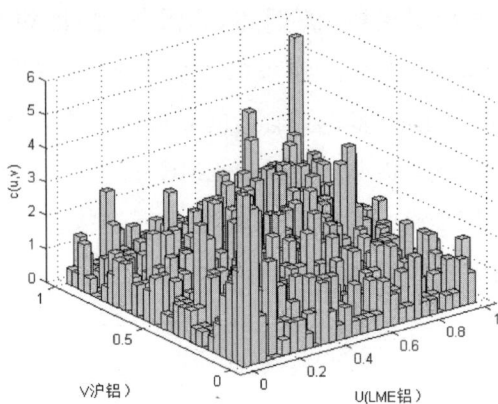

图 3‑31 铝收益率边缘分布的二元频率直方图

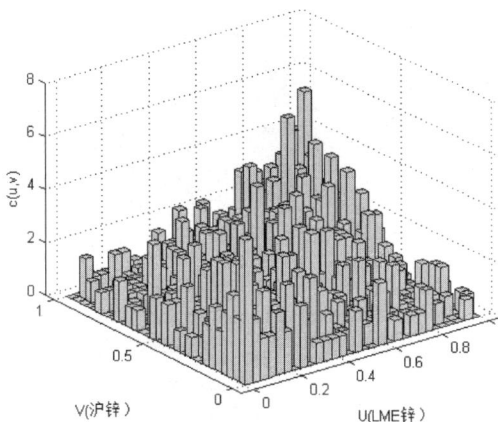

图 3‑32 锌收益率边缘分布的二元频率直方图

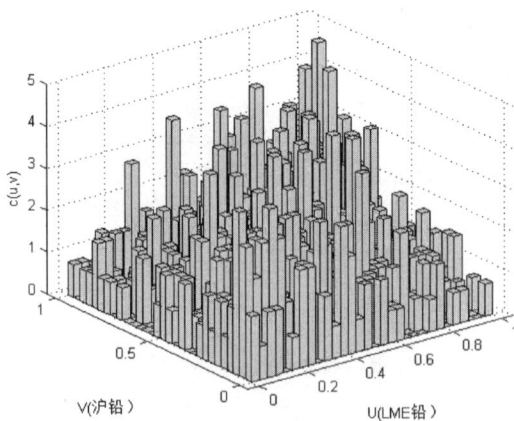

图 3‑33 铅收益率边缘分布的二元频率直方图

根据二元频率直方图可知,图 3－30 具有基本对称的尾部,根据常用二元 Copula 函数的分布情况,可以选取二元正态 Copula 函数、二元 t-Copula 函数以及 Frank Copula 函数进行拟合。图 3－29、图 3－31、图 3－32、图 3－33 的分布特征需要进一步比较才能做出判断。

（1）上期有色金属指数 IMCI 与 LME 基本金属指数

由于上期有色金属指数 IMCI 和 LME 基本金属指数的二元频率直方图分布特征不明显,因此,需要分别计算和比较二元正态 Copula 函数、二元 t-Copula 函数、Frank Copula 函数、Gumbel Copula 函数和 Clayton Copula 函数的秩相关系数,最终选择最优的 Copula 函数对上期有色金属指数 IMCI 和 LME 基本金属指数进行拟合。结果如表 3－19 所示。

表 3－19　上期有色金属 IMCI 和 LME 基本金属指数的秩相关系数

函数类型	Kendall 秩相关系数	Spearman 秩相关系数
二元正态 Copula 函数	0.2640	0.3874
二元 t-Copula 函数	0.2704	0.3902
Gumbel Copula 函数	0.2537	——
Clayton Copula 函数	0.2175	——
Frank Copula 函数	0.2723	0.4000
原始数据	0.2587	0.3735

数据来源:通过 MATLAB R2014a 计算和整理所得。

根据表 3－19 可知,关于 Kendall 秩相关系数的比较,发现 Gumbel Copula 函数的秩相关系数与原始数据最接近。关于 Spearman 秩相关系数的比较,发现二元正态 Copula 函数的秩相关系数与原始数据最接近。通过两种秩相关系数的比较,得出了两种不同的结果,因此需要进一步比较平方欧式距离的大小。

表 3－20　上期有色金属 IMCI 和 LME 基本金属指数的平方欧式距离

函数类型	参数估计	平方欧式距离
Gumbel Copula 函数	$\alpha_{Gumbel} = 1.3399$	90.2658
二元正态 Copula 函数	$\hat{\rho}_{norm} = 0.4029$	33.2379

数据来源:通过 MATLAB R2014a 计算和整理所得。

根据表 3 - 20 可知,Gumbel Copula 函数的平方欧式距离为 90.2658,二元正态 Copula 函数的平方欧式距离为33.2379。因此,二元正态 Copula 函数的平方欧式距离更小,可以更好地拟合上期有色金属指数 IMCI 和 LME 基本金属指数的日收益率数据。

(2) 沪铜与 LME 铜

由于沪铜和 LME 铜具有基本对称的尾部,因此,需要分别计算和比较二元正态 Copula 函数、二元 t-Copula 函数以及 Frank Copula 函数的 Kendall 秩相关系数和 Spearman 秩相关系数,以此选择最优的 Copula 函数对沪铜和 LME 铜进行拟合。结果如表 3 - 21 所示。

表 3 - 21　沪铜和 LME 铜的秩相关系数

函数类型	Kendall 秩相关系数	Spearman 秩相关系数
二元正态 Copula 函数	0.2798	0.4095
二元 t-Copula 函数	0.2871	0.4122
Frank Copula 函数	0.2913	0.4266
原始数据	0.2757	0.3950

数据来源:通过 MATLAB R2014a 计算和整理所得。

根据表 3 - 21 可知,关于 Kendall 秩相关系数的比较,二元正态 Copula 函数的秩相关系数与原始数据最接近。关于 Spearman 秩相关系数的比较,也得出了相同的结果。因此,二元正态 Copula 函数可以更好地拟合沪铜和 LME 铜的日收益率数据。

(3) 沪铝与 LME 铝

由于沪铝和 LME 铝的分布特征不明显,因此,需要分别计算比较二元正态 Copula 函数、二元 t-Copula 函数、Gumbel 函数、Clayton 函数以及 Frank Copula 函数的 Kendall 秩相关系数和 Spearman 秩相关系数,以此选择最优的 Copula 函数对沪铝和 LME 铝进行拟合。结果如表 3 - 22 所示。

表 3‑22　沪铝和 LME 铝的秩相关系数

函数类型	Kendall 秩相关系数	Spearman 秩相关系数
二元正态 Copula 函数	0.1564	0.2329
二元 t-Copula 函数	0.1641	0.2435
Gumbel Copula 函数	0.1432	—
Clayton Copula 函数	0.1105	—
Frank Copula 函数	0.1648	0.2454
原始数据	0.1584	0.2341

数据来源:通过 MATLAB R2014a 计算和整理所得。

根据表 3‑22 可知,关于 Kendall 秩相关系数的比较,二元正态 Copula 函数的秩相关系数与原始数据最接近。关于 Spearman 秩相关系数的比较,也得出了相同的结果。因此,二元正态 Copula 函数可以更好地拟合沪铝和 LME 铝的日收益率数据。

（4）沪锌与 LME 锌

由于沪锌和 LME 锌的二元频率直方图分布特征不明显,因此,需要分别计算比较二元正态 Copula 函数、二元 t-Copula 函数、Gumbel 函数、Clayton 函数以及 Frank Copula 函数的 Kendall 秩相关系数和 Spearman 秩相关系数,最终选择最优的 Copula 函数对沪锌和 LME 锌进行拟合。结果如表 3‑23 所示。

表 3‑23　沪锌和 LME 锌的秩相关系数

函数类型	Kendall 秩相关系数	Spearman 秩相关系数
二元正态 Copula 函数	0.2770	0.4055
二元 t-Copula 函数	0.2908	0.4204
Gumbel Copula 函数	0.2672	—
Clayton Copula 函数	0.2208	—
Frank Copula 函数	0.2987	0.4369
原始数据	0.2857	0.4119

数据来源:通过 MATLAB R2014a 计算和整理所得。

根据表 3-23 可知,关于 Kendall 秩相关系数的比较,二元 t-Copula 函数的秩相关系数与原始数据最接近。但是,关于 Spearman 秩相关系数的比较,二元正态 Copula 函数秩相关系数与原始数据更接近。因此,两种秩相关系数的比较,得出了不同的结果,需要进一步计算平方欧式距离。结果如表 3-24 所示。

表 3-24　沪锌和 LME 锌的平方欧式距离

函数类型	参数估计	平方欧式距离
二元正态 Copula 函数	$\hat{\rho}_{norm} = 0.4215$	35.4564
二元 t-Copula 函数	$\hat{\rho}_{t} = 0.4411$	35.7055

数据来源:通过 MATLAB R2014a 计算和整理所得。

根据表 3-24 可知,沪锌和 LME 锌的二元正态 Copula 函数的平方欧氏距离为 35.4564,二元 t-Copula 函数的平方欧式距离为 35.7055。因此,选择二元正态 Copula 函数能更好地拟合沪锌和 LME 锌的日收益率数据。

(5) 沪铅与 LME 铅

由于沪铅和 LME 铅的分布特征不明显,因此,需要分别计算比较二元正态 Copula 函数、二元 t-Copula 函数、Gumbel 函数、Clayton 函数以及 Frank Copula 函数的 Kendall 秩相关系数和 Spearman 秩相关系数。结果如表 3-25 所示。

表 3-25　沪铅和 LME 铅的秩相关系数

函数类型	Kendall 秩相关系数	Spearman 秩相关系数
二元正态 Copula 函数	0.1956	0.2899
二元 t-Copula 函数	0.2080	0.3051
Gumbel Copula 函数	0.1846	—
Clayton Copula 函数	0.1538	—
Frank Copula 函数	0.2161	0.3200
原始数据	0.2066	0.3026

数据来源:通过 MATLAB R2014a 计算和整理所得。

根据表 3-25 可知,关于 Kendall 秩相关系数的比较,二元 t-Copula 函数的秩相关系数与原始数据最接近。并且,关于 Spearman 秩相关系数的比较,得到了相同的结果。因此,选择二元 t-Copula 函数函数能更好地拟合沪铅和 LME 铅的日收益率数据。

3.2.6 计算条件风险价值 CoVaR

本小节主要研究的是当伦敦金属期货市场整体、LME 铜、LME 铝、LME 锌、LME 铅陷入困境时,对国内有色金属期货市场整体、沪铜、沪铝、沪锌、沪铅的风险溢出大小;以及当国内有色金属期货市场整体、沪铜、沪铝、沪锌、沪铅陷入困境时,对伦敦有色金属期货市场整体、LME 铜、LME 铝、LME 锌、LME 铅的风险溢出大小。

下面以 LME 基本金属指数和上期有色金属指数 IMCI 为例,计算当 LME 基本金属指数陷入困境时,对上期有色金属指数 IMCI 的无条件风险价值 VaR 为 -0.0219,条件风险价值 CoVaR 为 -0.0378,风险溢出值 ΔCoVaR 为 -0.0159,风险溢出率%CoVaR 为 72.60%。下面整理得出 LME 基本金属指数对上期有色金属指数 IMCI、LME 铜对沪铜、LME 铝对沪铝、LME 锌对沪锌、LME 铅对沪铅风险溢出效应的全部结果,如表 3-26 所示。

表 3-26 国外有色金属市场对国内有色金属市场的风险溢出效应

	VaR	CoVaR	ΔCoVaR	%CoVaR
LME 基本金属指数对 上期有色金属指数 IMCI	-0.0219	-0.0378	-0.0159	72.60%
LME 铜对沪铜	-0.0246	-0.0409	-0.0163	66.26%
LME 铝对沪铝	-0.0175	-0.0266	-0.0091	52.00%
LME 锌对沪锌	-0.0251	-0.0440	-0.0189	75.30%
LME 铅对沪铅	-0.0223	-0.0352	-0.0129	57.85%

数据来源:通过 MATLAB R2014a 计算和整理所得。

根据表 3-26 可知,当国外有色金属市场整体陷入困境时,对中国有色金属市场整体的风险溢出率为 72.76%;当 LME 铜期货陷入困境时,对沪铜风险溢出率为 66.26%;当 LME 铝期货陷入困境时,对沪铝风险溢出率为 52.00%;当 LME 锌期货陷入困境时,对沪锌风险溢出率为 75.30%;当

LME 铅期货陷入困境时,对沪铅风险溢出率为 57.85%。

同样,以 LME 基本金属指数和上期有色金属指数 IMCI 为例,运用二元正态 Copula 函数拟合 LME 基本金属指数和上期有色金属指数 IMCI 的日收益率序列,计算当上期有色金属指数 IMCI 陷入困境时,对 LME 基本金属指数的无条件风险价值 VaR 为 -0.0234,条件风险价值 CoVaR 为 -0.0329,风险溢出值 ΔCoVaR 为 -0.0029,风险溢出率%CoVaR 为 40.60%。下面整理得出上期有色金属指数 IMCI 对 LME 基本金属指数、沪铜对 LME 铝、沪铝对 LME 铝、沪锌对 LME 锌、沪铅对 LME 铅风险溢出效应的结果,如表3-27 所示。

表 3-27　国内有色金属市场对国外有色金属市场的风险溢出效应

	VaR	CoVaR	ΔCoVaR	%CoVaR
上期有色金属指数 IMCI 对 LME 基本金属指数	-0.0234	-0.0329	-0.0095	40.60%
沪铜对 LME 铜	-0.0264	-0.0369	-0.0105	39.77%
沪铝对 LME 铝	-0.0199	-0.0292	-0.0093	46.73%
沪锌对 LME 锌	-0.0283	-0.0420	-0.0137	48.41%
沪铅对 LME 铅	-0.0293	-0.0446	-0.0153	52.22%

数据来源:通过 MATLAB R2014a 计算和整理所得。

根据表 3-27 可知,当国内有色金属市场陷入困境时,对国外有色金属市场整体的风险溢出率为 40.60%;当沪铜期货陷入困境时,对 LME 铜期货风险溢出率为 39.77%;当沪铝期货陷入困境时,对 LME 铝期货风险溢出率为 46.73%;当沪锌期货陷入困境时,对 LME 锌期货风险溢出率为 48.41%;当沪铅期货陷入困境时,对 LME 铅期货风险溢出率为 52.22%。

3.2.7　实证结果分析

分别整理得出国外有色金属期货市场整体、LME 铜、LME 铝、LME 锌、LME 铅陷入困境时,对国内有色金属期货市场整体、沪铜、沪铝、沪锌、沪铅的风险溢出率%CoVaR;以及当国内有色金属期货市场整体、沪铜、沪铝、沪锌、沪铅陷入困境时对国外有色金属期货市场整体、LME 铜、LME

铝、LME 锌、LME 铅的风险溢出率％CoVaR。结果如表 3-28 所示。需要
特别说明的是,表 3-28 中"国内％CoVaR"表示国外有色金属期货市场总
指数和各个期货品种对国内有色金属期货市场的风险溢出率。"国外％
CoVaR"表示国内有色金属期货市场总指数和各个期货品种对国外有色金
属期货市场的风险溢出率。

表 3-28　国内有色金属期货和国外有色金属期货之间的％CoVaR

	国内％CoVaR	国外％CoVaR
行业总指数	72.60％	40.60％
铜	66.26％	39.77％
铝	52.00％	46.73％
锌	75.30％	48.41％
铅	57.85％	52.22％

数据来源:通过 MATLAB R2014a 计算和整理所得。

　　根据表 3-28 可知,当国外有色金属期货市场整体发生极端情况时对
国内有色金属期货市场整体的溢出率为72.60％,大于国内有色金属期货市
场整体发生极端情况时对国外有色金属期货市场整体的风险溢出率
40.60％。这说明一旦国外有色金属期货市场整体发生极端情况时,对国内
的风险溢出效应较大。因此,国内要密切关注国外有色金属期货市场的风
险情况。此外,当国外 LME 铜发生极端情况时对沪铜的风险溢出率为
66.26％,大于沪铜发生极端情况时对国外 LME 铜的风险溢出率 39.77％,
并且差距较大。因此,要密切关注国外铜对沪铜的风险溢出影响。当国外
LME 铝发生极端情况时对沪铝的风险溢出率为 52.00％,大于沪铝发生极端
情况时对国外 LME 铝的风险溢出率46.73％。当国外 LME 锌发生极端情况
时对沪锌的风险溢出率为 75.30％,大于沪锌发生极端情况时对国外 LME 锌
的风险溢出率 48.41％,并且差距也比较大。当国外 LME 铅发生极端情况
时对沪铅的风险溢出率为 57.85％,大于沪铅发生极端情况时对国外 LME
铅的风险溢出率 52.22％。因此,沪铜、沪锌受到国际市场的影响最大。

　　下面根据国外 LME 铜、LME 铝、LME 锌、LME 铅陷入困境时,对国内

沪铜、沪铝、沪锌、沪铅的风险溢出值 $\Delta CoVaR$,以及沪铜、沪铝、沪锌、沪铅陷入困境时对 LME 铜、LME 铝、LME 锌、LME 铅的风险溢出值 $\Delta CoVaR$,再根据两个方向风险溢出值的差值,计算得出风险溢出方向,并根据风险溢出值的差值大小进行排序。结果如表 3-29 所示。

表 3-29　国外各期货品种对国内各期货品种的风险溢出效应排序

	国外 $\Delta CoVaR$	国内 $\Delta CoVaR$	风险溢出方向	排序
铜	−0.0105	−0.0163	0.0058	1
锌	−0.0137	−0.0189	0.0052	2
铝	−0.0093	−0.0091	−0.0002	3
铅	−0.0153	−0.0129	−0.0024	4

数据来源:通过 MATLAB R2014a 计算和整理所得。

根本表 3-29 所示,LME 铜对沪铜、LME 锌对沪锌的风险溢出方向为正,说明当 LME 铜、LME 锌陷入困境时对沪铜、沪锌产生的风险溢出效应较大,这与表 3-27 的结果一致。因此,监管部门要密切关注国外 LME 铜、LME 锌对国内沪铜、沪锌的影响。

3.3 │ 本章小结

本章主要分为两个部分进行实证分析,第一部分是对国内有色金属市场的数据进行分析,第二部分是对国内外有色金属期货市场进行比较分析,两个部分的实证分析方法类似。首先,都是通过描述性统计、正态性检验初步判断变量是否服从正态分布。其次,通过经验分布函数和核分布估计图,确定边缘分布,绘制二元频率直方图。再次,通过比较线性相关系数、秩相关性系数和平方欧氏距离的大小,选择最优 Copula 函数。然后,运用最优 Copula 函数推导求出条件风险价值 CoVaR。最后,根据风险溢出值、风险溢出率的比较,发现在国内有色金属期货市场中,沪铝是系统重要性期货品种,而沪铅风险抵御能力最弱。在国内外有色金属期货市场的比较中发现,国外有色金属期货市场对我国风险溢出效应强于我国对国外的风险溢出效应,且国外铜、锌对我国铜、锌的风险溢出效应大于其他期货品种。

第四章 ICA-TGARCH-M 模型及方法

2007 年 8 月席卷美国、欧盟和日本等世界主要金融市场的次贷危机对全球金融系统产生了重大的影响,造成了一系列金融市场的混乱,金融系统的稳定性遭到破坏。其中重要的原因在于金融市场间存在系统性风险,市场风险可能通过信用、信息等渠道进行传播,并由于高度的资产相关性使得风险被迅速扩大,从而导致多个市场产生"多米诺骨牌"效应。因此,越来越多的学者们开始重视金融市场间系统性风险的研究。

4.1 | 相关文献概述

国际清算银行(BIS)认为,系统性风险是一个参与者不能履约引起其他参与者的违约,由此引发的链式反应导致广泛的金融困难的可能性(FSB,IMF,BIS,2011)。该风险外部特征表现为风险溢出性。大量研究表明金融市场间系统性风险是存在的(Miyakoshi,2003;Kung and Yu,2008;Johansson and Ljungwall,2009;Beirne et al.,2010;Caetano and Yoneyama,2011;Hammoudeh et al.,2013;Calice et al.,2013)。

目前,国内外学者针对系统性风险的溢出性研究主要集中于股票及债券市场间的波动溢出研究。约翰逊和永瓦尔(Johansson and Ljungwall,2009)以中国大陆、香港和台湾股市为研究对象,通过多元 GARCH 模型分析了市场间的风险溢出效应,研究表明虽然大陆地区长期实行资本流动限制,但各市场间的短期波动溢出仍然显著。贝龙等学者(Beirne et al.,2010)采用三变量 VAR-GARCH(1,1)模型对亚洲、欧洲、拉丁美洲及中东等 41 个新兴经济体股票市场之间的波动溢出进行研究,捕捉风险传播的途径。卡埃塔诺与米山(Caetano and Yoneyama,2011)首次使用催化化学模型来描述当市场失去信心时股票市场间的动态传染效应,并以美国、中国香

港和巴西三地的股市为研究对象模拟风险溢出强度。哈穆德赫等学者
(Hammoudeh et al. ,2013)运用 VECM 模型和方差分解方法研究了美国石
油价格和与之相关的信用违约互换(CDS)指标、VIX 指数和 smove 指数间
的风险溢出效应。卡利切等学者(Calice et al. ,2013)建立时变向量自回归
模型分析了 2009—2010 年欧洲主权债务危机期间主权债券与 CDS 市场间
的风险溢出效应,研究表明 CDS 市场的流动性对主权债券的信用价差具有
显著影响。

国内学者张瑞锋等(2006、2008)先后采用分位数表示市场风险,以满足
t 分布的随机波动(SV)模型刻画股市日收益率的波动,建立市场间波动溢
出模型,研究中国香港、深圳、上海,以及韩国、新加坡等五个股票市场间的
波动溢出效应。李成等(2010)系统分析了我国股票市场、债券市场、外汇市
场及货币市场的波动溢出关系,研究发现,所有市场均存在显著的双向波动
溢出。柴尚蕾等(2011)基于 ICA 模型研究了国际股指期货及股票市场对
我国股市的波动溢出效应。

综上所述,现有文献较多地关注股票市场之间、债券市场之间以及不同
地域的股票市场与股指期货市场之间的波动溢出。国内研究中仅李成等学
者(2010)研究了股票市场、债券市场、外汇市场及货币市场的波动溢出关
系,以及周伟和何建敏(2011)研究了国内金属期货品种间的交叉影响及其
传导效应,而关于国内外期货市场间系统性风险则鲜有研究。特别是 2008
年全球金融危机之后,系统性风险在股票市场、债券市场等市场间产生巨大
破坏后,关于期货市场系统性风险的研究变得尤为重要。

研究系统性风险需要考察相关市场的多个金融变量间的波动溢出效
应,因此,构建适合的多元时间序列模型成为问题的关键。传统的多元
GARCH 模型在金融市场中得到了广泛的应用,其中 VECH、BEKK 以及
DCC 模型(Bollerslev and Engle, 1988; Engle and Kroner, 1995; Engle,
2002)在实际运用中主要针对解决二元或三元变量,且具有计算难度大、复
杂程度高的缺点。独立成分分析法是一种信号处理技术(Comon, 1994),
目前已发展成为一种新的数据处理方法,即可以从原始数据中提取相互独
立的成分,该方法应用于多元 GARCH 模型中可以很好地解决传统的

GARCH 模型计算复杂度高的缺陷。

因此,首先本章在此基础上研究了国内外主要期货市场间系统性风险的溢出效应,其研究视角具有独特性。其次,本章采用独立成分分析(ICA)的方法对波动溢出的风险源进行分离,获得相互独立的成分因子,并与TGARCH-M 模型相结合,构建 ICA-TGARCH-M 模型。上述方法不仅有效避免了多维金融时间序列在应用多元 GARCH 模型时计算难度大的缺点,而且充分反映了金融时间序列收益波动的特征。在实证研究方面,本章以 2008 年 1 月为界,将数据分为两个时间窗口,重点考察金融危机爆发前后主要期货品种间系统性风险的溢出效应,并从中得到有效结论。

4.2 │ 独立成分分析的定义

独立成分分析(Independent Component Analysis,ICA)是近年来发展起来的一种新的统计方法,是一种将源信号从混合信号里恢复出来的信号处理技术。该方法的目的是将观察到的数据进行某种线性分解,使其分解成统计独立的成分。在现行的信号分解方法中,主成分分析(PCA)是一种常用的方法,其原理是基于二阶统计的特性把信号分解成若干不相关成分。而 ICA 则是基于信号高阶统计特性的分析方法,经 ICA 分解出的各信号分量之间是相互独立的,因此具有较 PCA 更广泛的应用价值。

ICA 可以用一个信号模型来表示:

$$U(t)=AS(t) \tag{4-1}$$

其中,$U(t)$ 是 t 时刻观测到的 N 维混合信号;$S(t)$ 表示 t 时刻独立的 $M(M{\leqslant}N)$ 维未知源信号,即各独立成分;A 是未知的传递矩阵或称为信号的混合矩阵。

ICA 的目的是寻求一线性变化 w(对应于解混矩阵 W),通过它能从混合信号 $U(t)$ 中恢复出原始信号 $S(t)$:

$$Y(t)=WU(t)=WAS(t) \tag{4-2}$$

其中,$Y(t)$ 为 $S(t)$ 的估计量,当 $WA=I$(单位阵)时,源信号 $S(t)$ 就被精确的提取出来。因此,对独立成分的估计可通过计算 A 的逆矩阵 W 而得到。

为了求解混矩阵 W,需要运用一些优化算法。近年来出现快速不动点算法,即通过引入非线性单调函数估计负熵,利用牛顿公式发展的一类快速稳健的固定点算法,简称 FastICA 算法(Hyvrinen,2001),本研究采用此估计算法。

4.3 │ GARCH 类模型的选取

在构建期货市场收益均值方程时,风险对收益的影响是重要的考察因素。因此,本文使用恩格尔(Engel,1987)提出的 ARCH-M 模型来描述预期风险对收益水平的影响。一方面要考虑本市场的内部风险对收益的影响,另一方面要考察其他相关期货市场的外部风险对收益的影响,因此在构建收益均值方程时有必要加入度量风险的相关变量。具体模型如下:

$$r_t = \sum_{i=1}^{k} \lambda_i r_{t-i} + \eta \sigma_t + \sum_{j=1}^{m} \xi_j X_t + \varepsilon_t \qquad (4-3)$$

其中,$r_{t-i}(i=1,\cdots,k)$ 表示收益的滞后项,σ_t 是收益的时变条件标准差,表示内部风险,$X_t(t=1,\cdots,m)$ 是外生变量,表示其他相关期货市场的外部风险,ε_t 表示残差时间序列,$\lambda_1,\cdots,\lambda_k,\eta,\xi_1,\cdots,\xi_m$ 为解释变量前的相应系数。

对于金融时间序列而言,常常可以观测到的一个现象是,如果它在市场上向上或向下变化相同幅度,那么它向下运动过程中的波动性要高于向上运动过程中的波动性。这种非对称性使用传统的 GARCH 模型无法描述,扎科尼埃(Zakoian,1994)首次提出了 TGARCH 模型来描述冲击的非对称性。具体模型如下:

$$\sigma_t^2 = c + \sum_{i=1}^{p} \alpha_i \varepsilon_{t-i}^2 + \sum_{j=1}^{q} \beta_j \sigma_{t-j}^2 + \sum_{k=1}^{l} \gamma_k \varepsilon_{t-k}^2 d_{t-k} \qquad (4-4)$$

其中,$d_{t-k}(k=1,\cdots,l)$ 是一个虚拟变量,当 $\varepsilon_{t-k}<0$ 时,$d_{t-k}=1$;否则,$d_{t-k}=0$。若 $\gamma_k \neq 0(k=1,\cdots,l)$,则表示时间序列的波动具有非对称性。

4.4 │ ICA-TGARCH-M 模型的构建

为考察各期货市场间传染性风险的溢出效应,首先假设 n 个期货品种满足收益均值方程：

$$r_{1t} = \sum_{i=1}^{k_1} \lambda_{1i} r_{1t-i} + \eta_1 \sigma_{1t} + \varepsilon_{1t}$$

$$r_{2t} = \sum_{i=1}^{k_2} \lambda_{2i} r_{2t-i} + \eta_2 \sigma_{2t} + \varepsilon_{2t}$$

$$\cdots\cdots$$

$$r_{nt} = \sum_{i=1}^{k_n} \lambda_{ni} r_{nt-i} + \eta_n \sigma_{nt} + \varepsilon_{nt} \qquad (4-5)$$

其中，$r_{1t}, r_{2t}, \cdots, r_{nt}$ 分别表示 n 个期货品种的对数收益率，$\sigma_{1t}, \sigma_{2t}, \cdots, \sigma_{nt}$ 分别表示各期货品种对应的条件标准差，$\eta_1, \eta_2, \cdots, \eta_n$ 表示各市场的内部风险对收益的贡献度，$\varepsilon_{1t}, \varepsilon_{2t}, \cdots, \varepsilon_{nt}$ 表示各收益均值方程对应的残差项。

式(4-5)考虑了市场内部风险对收益率的影响，为建立各市场间的风险溢出模型，需考虑来自本市场外的风险因素。于是本章考虑用 ICA 方法对均值方程的各残差项进行分解，提取出在统计学上独立的成分，即表示为多个期货品种波动的综合指标。由式(4-2)可知，独立成分 S(t) 的表达式为：

$$\begin{pmatrix} S_{1t} \\ S_{2t} \\ \vdots \\ S_{mt} \end{pmatrix} = \begin{pmatrix} w_{11} & w_{12} & \cdots & w_{1n} \\ w_{12} & w_{22} & \cdots & w_{1n} \\ \vdots & & & \vdots \\ w_{m1} & w_{m2} & \cdots & w_{mn} \end{pmatrix} \cdot \begin{pmatrix} \varepsilon_{1t} \\ \varepsilon_{2t} \\ \vdots \\ \varepsilon_{nt} \end{pmatrix} \qquad (4-6)$$

其中，$(w_{ij})_{m \times n}$ 为解混矩阵，m 表示独立成分的个数，n 表示残差项 ε_t 的数目，则有 $m \leqslant n$。

最后，在获得独立成分 $S(t)$ 的基础上，建立含有独立成分变量的 ICA-TGARCH-M模型。具体构造如下：首先将 $S_{1t}, S_{2t}, \cdots, S_{mt}$ 作为外生变量引入收益均值方程(4-5)，其次考察非对称因素对收益波动的影响使用 TGARCH 模型对条件方差进行估计，最后结合收益的厚尾特性引入广义误差分布(GED)。对于每个期货品种而言，其收益和方差满足以下模型：

$$r_t = \sum_{i=1}^{k} \lambda_i r_{t-i} + \eta p_t + \sum_{i=1}^{m} \xi_i S_{it} + \varepsilon_t$$

$$\varepsilon_t = y_t \sigma_t \tag{4-7}$$

$$\sigma_t^2 = c + \sum_{i=1}^{p} \alpha_i \varepsilon_{t-i}^2 + \sum_{j=1}^{q} \beta_j \sigma_{t-j}^2 + \sum_{k=1}^{l} \gamma_k \varepsilon_{t-k}^2 d_{t-k}$$

其中,y_t 满足广义误差分布(GED),ξ_i 表示第 i 个独立成分对期货收益的贡献度。模型(4-7)刻画了外部市场的风险对期货品种的冲击,根据此模型可以很好地观测市场间传染性风险的溢出效应。

4.5 本章小结

本章采用独立成分分析(ICA)的方法对波动溢出的风险源进行分离,获得相互独立的成分因子,并与 TGARCH-M 模型相结合,构建 ICA-TGARCH-M 模型。首先从独立成分分析(ICA)的定义出发,利用快速不动点算法,引入非线性单调函数对独立成分进行估计,然后利用 ARCH-M 模型构建期货市场收益均值方程,刻画预期风险对收益水平的影响,最后用独立成分分析(ICA)方法对均值方程的残差项进行分解,提取独立成分,建立含有独立成分变量的 ICA-TGARCH-M 模型。

第五章　基于 ICA-TGARCH-M 模型的风险溢出分析

近年来,新兴国家经济体的强劲表现,使得从石油、黄金到有色金属、农产品在内的大宗商品市场在基本面上得到了良好的支持。由于大宗商品兼具一般商品和金融产品双重特点,因此无论是宏观流动性过剩带来通货膨胀还是资产价格上涨,都会对大宗商品价格产生明显的推动作用。在流动性过剩的宏观经济环境下,必须考虑期货市场受热钱、游资的冲击与影响。因此,在当前复杂多变的国内外宏观环境下,如何实现期货市场的平稳运作,避免市场流动性剧烈波动,是一个亟需关注的话题。

自 2007 年美国次债危机爆发以来,全球金融市场产生了巨大的波动。2005 年以来,伴随着全球的流动性过剩,全球商品价格出现暴涨,以国际原油价格为代表,油价在 2008 年 7 月 11 日创出历史记录 147.27 美元/桶,在 2008 年 11 月 11 日,国际油价跌破 60 美元/桶,其波动幅度达 87 美元,短短四个月原油价格已跌去大半,跌幅创历史之最,仿佛一夜之间全球经济由流动性过剩跌入流动性陷阱。在此期间,美国第三大银行美林银行被美国银行接管、美国第四大银行雷曼兄弟银行宣告破产。2009 年底,金融风暴再次席卷全球,引发了欧债危机以及全球经济危机。由此可见,系统性风险是当今金融市场面临的最大风险之一,研究流动性突变的产生机理、分析宏观环境对期货市场的影响,对应对和改善当前形势起着重要的作用。

本章基于 ICA-TGARCH-M 模型及方法,实证分析国内外期货品种间的风险溢出效应,并对期货品种的未来收益进行预测。其间,以 2008 年 1 月为分界点,重点考察全球金融危机爆发前后国内外期货品种间波动溢出效应的变化,探究国内期货市场风险溢出的主要来源。

5.1 │ 数据的选取与分析

本节选取上海期货交易所代表性的三个期货品种燃料油、黄金、铜(简写为 SHFUEL、SHGOLD 和 SHCU)作为研究对象。与之相对应,国外原油和黄金期货分别选取纽约商品交易所交易的原油和黄金期货(简写为 NYFUEL 和 CMXGOLD)为代表,国外金属铜期货选取伦敦金属交易所的铜期货(简写为 LMECU)为代表。为比较金融危机前后金融市场间传染性风险的变化,本节的数据时间窗口分为两个阶段,第一阶段为 2004 年 8 月 25 日至 2008 年 1 月 8 日,第二阶段为 2008 年 1 月 9 日至 2012 年 12 月 31 日。其中,2004 年 8 月 25 日和 2008 年 1 月 9 日分别是上海期货交易所燃料油期货和黄金期货上市的日期,以此为时间序列的起始点和分割点可以保证数据的完整性,同时与金融危机爆发的时间大体一致。

由于每个期货品种在同一时期会有多个合约在市场上交易并具有到期日,因此期货交易数据具有不连续性的特点,如何生成一个连续的时间序列是进行数据分析的前提。本节在提取数据时以成交量为衡量指标,选取当月的主力合约并提取数据,从而产生一组连续期货时间序列(沈虹等,2012)。这样选取数据的优点在于:主力期货合约的成交量大,市场交易活跃,由此产生的连续时间序列具有较好的代表性,能很好地捕捉市场间的风险溢出效应。

最后,在剔除国内外法定节假日有缺失的数据后,共获得样本数 1718 个。本文对各期货品种的对数收益率 r_t($r_t = \ln(P_t/P_{t-1})$,其中 P_t 为当日收盘价)进行统计分析,如下页表5－1所示。

结果显示,各期货品种的 J－B 统计量均远远大于正态检验临界值 5.992,且峰度均大于正态分布的临界值 3,因此收益时间序列拒绝正态分布假设,且各品种的时间序列均满足尖峰厚尾特性。同时,由 $Q(1)$ 统计量可知,除黄金期货外,其他品种的收益时间序列均存在一阶自相关性,因此,在构建收益序列的均值方程时需加入自回归项。进一步,由 $Q^2(10)$ 统计量可知,各品种均具有条件异方差性,因此需要通过 GARCH 类模型来描述时变方差。此外,为了准确捕捉收益序列的厚尾特性,本节假设残差满足广义误差分布(GED)。上述统计分析为模型(4－7)的合理性提供了分析依据。

表 5 - 1　各期货品种对数收益率统计分析

	NYFUEL	SHFUEL	LMECU	SHCU	CMXGOLD	SHGOLD
样本数	1718	1718	1718	1718	1718	930
均值	0.00056	0.00048	0.00034	0.00029	0.00050	0.00038
标准差	0.02137	0.01607	0.02137	0.01973	0.01395	0.01468
偏度	−0.01321	−0.34430	−0.01321	−0.26922	−0.35765	−0.42343
峰度	5.52199	5.84589	5.52199	3.76140	7.53240	5.42566
J−B 统计量 [P 值]	455.354 [0.000]	613.704 [0.000]	1031.586 [0.000]	62.2536 [0.000]	1507.138 [0.000]	255.789 [0.000]
$Q(1)$ [P 值]	29.598 [0.000]	5.464 [0.019]	22.270 [0.000]	5.911 [0.000]	1.2329 [0.267]	1.4652 [0.226]
$Q^2(10)$ [P 值]	263.97 [0.000]	779.16 [0.000]	635.44 [0.000]	696.38 [0.000]	286.60 [0.000]	364.36 [0.000]

5.2 | 实证结果分析

5.2.1　TGARCH(1,1)- M 模型估计

首先,以 2004 年 8 月至 2012 年 12 月为时间窗口,针对各期货收益时间序列建立 GARCH 类模型。对于金融序列而言,负的冲击往往比相同程度的正的冲击引起更大的波动;同时,在市场波动过程中需考虑风险对收益均值的影响,因此,本节选用 TGARCH(1,1)- M 模型进行检验。由 TGARCH(1,1)- M 模型估计得到各期货品种的残差序列分别为 ε_{1t}, ε_{2t},…,ε_{6t}。图 5 - 1 为各残差时间序列图。

5.2.2　ICA-TGARCH(1,1)- M 模型估计

为考察金融危机爆发前后期货品种间的风险溢出效应,本节将数据分为两个时间窗口进行估计。第一时间窗口为 2004 年 8 月 25 日至 2008 年 1 月 8 日,第二时间窗口为 2008 年 1 月 9 日至 2012 年 12 月 31 日。由于上海黄金期货品种于 2008 年 1 月 9 日上市,因此,在第一时间窗口中共包含沪油、沪铜、纽约原油、纽约黄金和伦敦铜五个品种,而不包含沪金。

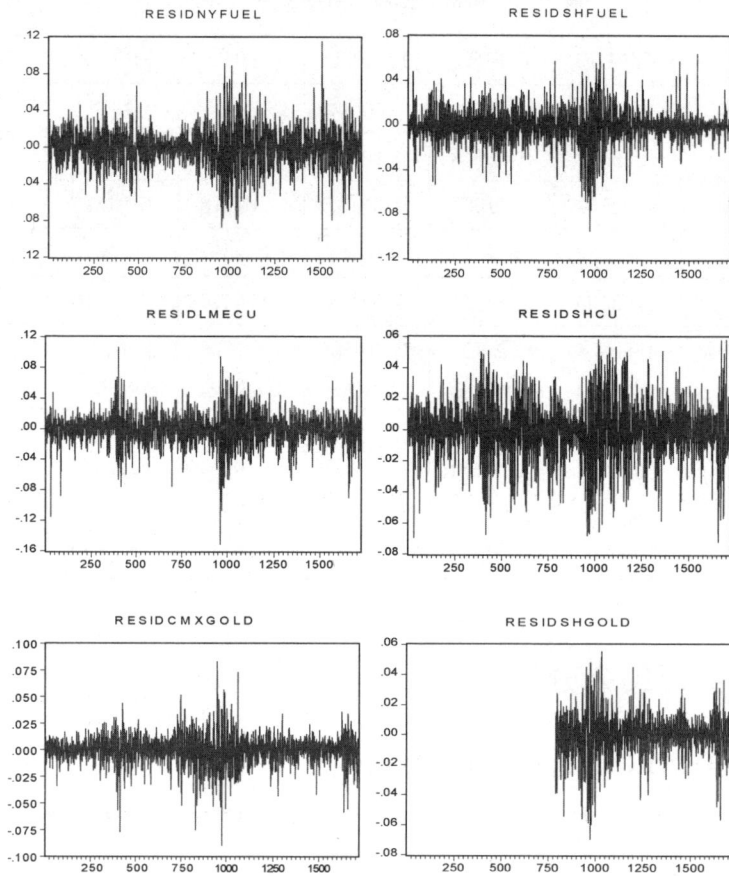

图 5-1　残差时间序列图

　　首先对由 TGARCH(1,1)-M 模型获得的残差序列进行白化处理,通过 FastICA 算法得到解混矩阵 W_1,并得到第一时间窗口下的独立成分 S_{1t}^1,S_{2t}^1,…,S_{5t}^1。由矩阵 W_1 可清晰看出各期货品种在每一独立成分中所对应的权重。

　　第一时间样本共有 5 个期货品种,分别是纽约原油、沪油、伦敦铜、沪铜、纽约黄金,对应生成的残差序列依次记为 ε_{1t},ε_{2t},ε_{3t},ε_{4t},ε_{5t}。由 W_1 可知,第一独立成分 S_{1t}^1 中 ε_{3t} 占比最大,显著大于其他序列所占权重,因此,可认为 S_{1t}^1 中的主成分为伦敦铜对应的 ε_{3t};相应地,第二、三、四、五独立成分中的主成分分别为纽约原油对应的 ε_{1t}、纽约黄金对应的 ε_{5t}、沪油对应的 ε_{2t} 和沪铜对应的 ε_{4t}。考虑各独立成分因子对收益的影响,将 S_{1t}^1,S_{2t}^1,…,S_{5t}^1 作为

外生解释变量代入模型(4-7),具体实证结果如表5-2所示。

表 5-2   2004 年 8 月至 2008 年 1 月各期货品种波动溢出分析

系数估计	品　种				
	NYFUEL	SHFUEL	LMECU	SHCU	CMXGOLD
λ_1 (r_{t-1})	−0.4641 [−15.124]**	−0.3733 [−10.968]**	−0.3779 [−11.038]**	−0.4331 [−12.224]**	
$\eta(\sigma_t)$	0.0801 [3.564]**	0.0453 [1.903]	0.0663 [2.933]**	0.0593 [2.594]**	0.0777 [2.520]*
$\xi_1(S_{1t}^l)$	0.0002 [0.590]	−0.0005 [−1.178]	−0.0009 [−2.153]*	0.0013 [2.401]*	0.0008 [2.785]**
$\xi_2(S_{2t}^l)$	−0.0047 [−10.419]**	−0.0002 [−0.571]	0.0003 [0.826]	−0.0003 [−0.734]	2.58E−05 [0.083]
$\xi_3(S_{3t}^l)$	0.0007 [1.800]	0.0008 [1.953]	0.0049 [11.803]**	0.0029 [1.441]	0.0002 [0.640]
$\xi_4(S_{4t}^l)$	−0.0051 [−11.453]**	−0.0046 [−9.880]**	−0.0064 [−1.772]	−0.0036 [−2.829]**	−0.0024 [−1.750]
$\xi_5(S_{5t}^l)$	0.0014 [1.715]	0.0012 [4.014]**	−0.0085 [−20.907]**	−0.0058 [−11.756]**	−0.0016 [−1.304]
c	−0.0996 [−2.058]*	−0.6102 [−2.791]**	−0.6160 [−2.569]*	−0.6256 [−3.269]**	−0.0807 [−1.662]
α	0.0758 [3.249]**	0.0970 [3.036]**	0.1103 [3.428]**	0.1397 [2.994]**	0.0580 [3.072]**
β	0.9184 [90.601]**	0.8784 [24.781]**	0.8985 [25.614]**	0.8595 [23.833]**	0.9712 [81.646]**
γ	0.0562 [7.407]**	0.0484 [1.218]	0.0967 [2.724]**	0.0555 [2.215]*	0.0553 [2.750]**
Adj-R^2	0.2539	0.0600	0.3091	0.0707	0.1134
L-likelihood	2249.599	2244.219	2247.323	2093.799	2505.414

注:* 表示在 5% 的显著性水平下显著;＊＊表示在 1% 的显著性水平下显著。

$$W_1 = \begin{pmatrix} 15.544 & -16.651 & -54.489 & 16.726 & 15.317 \\ -59.801 & -8.379 & -4.046 & 4.163 & 8.869 \\ -3.407 & -0.076 & -13.875 & 16.341 & 86.571 \\ 5.654 & -56.546 & 4.722 & -16.594 & 26.613 \\ -7.481 & 32.164 & -16.683 & -49.133 & 29.373 \end{pmatrix}$$

其次,用上述方法对第二时间窗口下的六个期货品种的收益时间序列进行分析,得到解混矩阵 W_2 和独立成分 $S_{1t}^2, S_{2t}^2, \cdots, S_{6t}^2$。由 W_2 可知,第一、二、三、四、五、六独立成分的主成分分别为沪油对应的 ε_{2t}、纽约黄金对应的 ε_{5t}、沪黄金对应的 ε_{6t}、纽约原油对应的 ε_{1t}、伦敦铜对应的 ε_{3t} 和沪铜对应的 ε_{4t}。在此基础上将 $S_{1t}^2, S_{2t}^2, \cdots, S_{6t}^2$ 作为外生解释变量代入模型(4-7),实证结果如表5-3所示。

$$W_2 = \begin{pmatrix} 2.424 & 53.523 & 18.827 & -30.957 & -17.268 & 22.927 \\ 10.933 & -7.837 & 15.519 & -16.104 & -55.586 & -11.359 \\ 4.264 & 41.586 & -15.145 & 20.803 & -1.611 & -52.761 \\ 45.889 & -14.442 & -25.465 & 9.116 & -0.763 & 10.683 \\ 2.055 & -2.743 & 51.773 & -4.899 & 29.548 & -33.635 \\ 3.755 & 29.736 & -15.741 & -43.984 & 27.244 & -26.748 \end{pmatrix}$$

表5-3 2008年1月至2012年12月各期货品种波动溢出分析

系数估计	品种					
	NYFUEL	SHFUEL	LMECU	SHCU	CMXGOLD	SHGOLD
$\lambda_1(r_{t-1})$	-0.4120 [-13.69]**	-0.3354 [-12.89]**	-0.4193 [-12.85]**	-0.4026 [-12.34]**		
$\eta(\sigma_t)$	0.3906 [17.53]**	0.3655 [19.59]**	0.4847 [20.64]**	0.4992 [19.91]**	0.3775 [10.75]*	0.1380 [4.21]**
$\xi_1(S_{1t}^2)$	0.0055 [68.30]**	0.0111 [250.81]**	0.0082 [138.52]**	0.0008 [17.76]**	0.0021 [37.12]**	0.0076 [46.02]**
$\xi_2(S_{2t}^2)$	0.0025 [33.70]**	-0.0057 [-150.11]**	0.0021 [37.12]**	-0.0073 [-175.92]**	-0.0124 [-350.77]**	-0.0072 [-39.68]**

续表

系数估计	品 种					
	NYFUEL	SHFUEL	LMECU	SHCU	CMXGOLD	SHGOLD
$\xi_3(S_{3t}^2)$	0.0010 [13.84]**	0.0102 [245.91]**	−0.0020 [−37.86]**	0.0092 [210.41]**	−0.0030 [−89.53]**	−0.0063 [−33.88]**
$\xi_4(S_{4t}^2)$	0.0193 [249.94]**	0.0001 [4.02]**	−0.0009 [−16.67]**	0.0020 [47.71]**	0.0026 [85.07]**	0.0026 [14.29]**
$\xi_5(S_{5t}^2)$	0.0112 [129.78]**	−0.0004 [−10.63]**	0.0185 [289.08]**	0.0015 [29.34]**	0.0079 [214.79]**	−0.0049 [−26.45]**
$\xi_6(S_{6t}^2)$	−0.0020 [−26.80]**	−0.0034 [−97.60]**	−0.0102 [−188.09]**	−0.0155 [−351.60]**	0.0026 [85.00]**	−0.0060 [−215.58]**
c	−0.3687 [−3.396]**	−0.2723 [−3.589]**	−0.3871 [−3.436]**	−0.5989 [−3.894]**	−0.3465 [−3.016]**	−0.3502 [−2.717]**
α	0.1010 [4.179]**	0.1116 [4.293]**	0.1246 [4.030]**	0.1141 [5.479]**	0.0836 [4.023]**	0.0351 [3.190]**
β	0.9080 [49.145]**	0.8949 [46.178]**	0.9028 [51.042]**	0.8698 [39.727]**	0.9296 [48.880]**	0.9194 [38.111]**
γ	0.0703 [2.079]*	0.0173 [2.126]*	0.0853 [1.839]	0.0095 [2.864]**	0.0744 [3.776]**	0.0429 [2.041]*
$Adj-R^2$	0.9855	0.9842	0.9915	0.9926	0.9706	0.8285
L-likelihood	4169.65	4663.49	4499.22	4676.39	4240.58	3473.67

注:* 表示在 5% 的显著性水平下显著;** 表示在 1% 的显著性水平下显著。

由表 5-2 和表 5-3 的参数估计结果可以得到以下结论:

第一,由 λ_1 在 1% 的显著性水平下显著可知,除纽约黄金和沪金外,其他四期货品种均存在一阶自相关性。而纽约黄金和沪金的收益一阶滞后项系数不显著,因此将一阶滞后项略去。该结论与表 1 中对数据的统计分析结果相一致。同时,由 $\lambda<0$ 可知,各期货品种在价格涨跌过程中存在反映过度的现象。

第二,该模型度量了期货市场波动的"风险 & 收益"和"非对称性"特征。由 $\eta>0$ 且绝大部分均在 1% 的显著性水平下显著可知,期货品种的收益呈现高风险对应高收益的特点。同时,对于每个期货品种,均有 $\gamma>0$,表明市场涨跌的非对称性特点,即价格下跌带来的收益波动要大于同等程度价格上涨带来的波动效应。

第三,金融危机爆发前后,期货品种间的波动溢出效应具有显著差异。对比表5-2和表5-3的拟合度及显著性指标可以发现,第二时间窗口下的模型拟合程度大大增强,除沪金外,其他期货品种的模型拟合度 $Adj-R^2$ 均在0.97以上。金融危机爆发前,各期货品种间的风险溢出效应并不明显,期货品种间的波动溢出并不是影响期货价格波动的主要因素。由表5-2的独立成分的系数估计可知,在1%显著性水平下,伦敦铜和纽约黄金间的波动溢出显著,沪铜和沪油间的波动溢出显著,沪铜和伦敦铜间的波动溢出显著,其他期货品种间并没有出现高度的相关性。而金融危机爆发后,各期货品种的价格波动呈现出高度的相关性。由表5-3的独立成分的系数估计可知,独立成分的参数估计值在1%的显著性水平下均不为0,表明国内外各期货品种间具有广泛且显著的波动溢出效应,且各期货品种间的波动溢出已成为影响期货价格波动的主要因素。

上述结论很好地论证了自2008年金融危机之后,国际主要期货品种间呈现出高度的波动溢出性,系统性风险已成为各金融子市场面临的主要风险。

5.3 │ 基于 ICA-TGARCH(1,1)-M 模型的收益预测

表5-3的实证结果反映出 ICA-TGARCH-M 模型具有很好的拟合度,可以据此模型对期货品种的收益进行预测。本节以2008年1月9日至2012年6月29日的数据进行模型参数估计,以2012年7月2日至2012年12月31日作为预测区间,并以该时期各期货品种的收益作为检验性数据,考察实际值与预测值的差别。2012年7月至2012年12月间各期货品种的收益预测值及实际值对比如图2所示。

由图5-2可知,通过对模型(4-7)的参数估计得到2012年7月至2012年12月期货收益的预测值,与实际值相比拟合度很高,说明 ICA-TGARCH-M 模型对期货收益的走势有很好的预测性。进一步,预测的精

度可以通过偏差比例、方差比例和协方差比例指标来衡量,具体结果见表 5-4。表 5-4 结果显示,偏差比例和方差比例均较小,协方差比例较大,表明预测结果较好。

表 5-4   预测评价指标

评价指标	品种					
	NYFUEL	SHFUEL	LMECU	SHCU	CMXGOLD	SHGOLD
偏差比例	0.0096	0.0091	0.0034	0.0063	0.0172	0.0004
方差比例	0.0922	0.1424	0.1430	0.0865	0.0595	0.1636
协方差比例	0.8981	0.8584	0.8534	0.9071	0.9231	0.8359

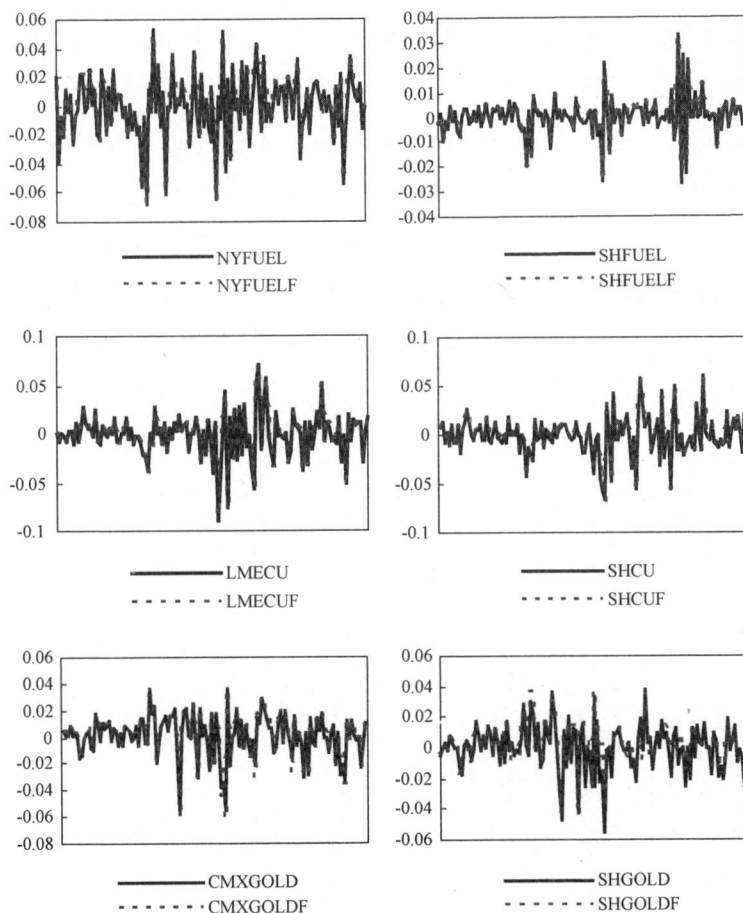

图 5-2   收益预测值(虚线)和实际值(实线)比较

5.4 | 本章小结

自 2008 年全球金融危机爆发以后,全球各金融子市场间表现出高度的风险传染性特征,本章在此基础上研究了国内外主要期货品种间系统性风险的溢出效应。在方法上采用独立成分分析(ICA)的方法对波动溢出的风险源进行分离,并与 TGARCH-M 模型相结合,不仅有效避免了传统多元GARCH 模型在应用于高维金融时间序列时计算难度大的缺点,而且充分反映了金融时间序列收益波动的特征。实证结果显示,金融危机爆发前后,国内外主要期货品种的风险溢出强度存在显著的差异,尤其在金融危机爆发后,各期货品种间的风险溢出效应十分显著,期货品种间的波动溢出已成为影响期货收益的主要决定因素。在此基础上,根据 ICA-TGARCH-M 模型对期货的收益进行了预测,并显示出很好的预测效果。

本章构建并运用 ICA-TGARCH-M 模型不仅验证了全球主要期货品种间风险溢出的显著性,而且反映出期货市场风险溢出的主要来源,并且为多元 GARCH 模型的降维提供了有效方案。上述结论为进一步研究期货市场系统性风险的度量及防范提供了理论基础和计量方法。

第六章 CAViaR 模型及方法

在风险度量与管理的众多方法中,VaR 方法成为各金融机构广泛使用的标准工具,以衡量其资产组合在未来一段时间内的最大损失。与众多传统的度量方法不同,CAViaR 模型避开了收益分布假设,采用分位数回归的估计方法,对条件分位数直接进行自回归建模,不但考虑了收益的聚类性,也对收益的尾分布进行了很好的处理,被认为是处理厚尾数据的最优的模型之一。

6.1 | 相关文献概述

如何有效评估和测度风险一直是市场系统性风险研究领域的重中之重。风险价值的 J.P 摩根风险度量法在 1994 年提出,它用来计算一个处于某类风险的机构头寸由于市场变化而在某个给定持有期头寸减少的估计值,是目前测量风险的一种主流方法。风险价值模型之间的差异主要取决于它们对于如何估计投资组合价值可能变化的处理方式,可以依据此点将其分为非参数、参数和半参数三大类型。本章主要根据这三种风险测度的方法对风险测度的相关研究进行分类综述,并进一步着重分析本章所采用的 CAViaR 模型方面的相关研究。

6.1.1 非参数法的相关研究

历史数据模拟法是非参数类型中较为常见的方法之一。乾等学者(Inui et al.,2005)研究发现历史模拟法在用于厚尾分布的投资组合时具有相当大的正偏差,当置信度较高、样本量较小时,偏差会加大。苏(Su,2014)选取了六种股票指数来探讨长期记忆、杠杆与分布效应对 VaR 以及 ES 预测性能的影响,发现这三种效应均存在于股票市场中,且加权后的历史模拟法预测性能要更优。黄剑(2010)采用一般与加权两种历史模拟法对银行账户利率风险进行实证研究,考虑到修正效果和计算性能,比较发现更宜采用加权历史模拟法。王胜邦等(2011)认为历史模拟法需要能够保持稳定、波动性不大的时间序列,因而存在着对极端事件的概率估计不足的问题。何嘉欢(2014)在历史模拟法基础上引入概率平滑技术,提高了对布伦特原油风险度量的准确性。刘辉等(2017)选取了股票指数对历史模拟法的有效性进行检验,检验结果表明当波动较大时采用历史模拟法会使得风险被低估,与之相反,在市场波动性较小时,市场风险又会被高估,该方法有效性不强。另一种典型的非参数模型是蒙特卡罗模拟。科祖尔(Kozul,2010)研究表明蒙特卡罗模拟方法虽然计算量大且依赖于数学模型,但由于其灵活性和适应性,更优于历史数据模拟法。贾馨云等(2014)研究了股票市场的风险,通过对四种国内股票指数数据建模,发现蒙特卡罗的 VaR 估计值与实际值是较为接近的,说明其预测较为准确。陈俊华等(2016)运用该方法研究了国内西部地区城市房价短期风险,结果表明与成都相比,重庆房价风险会更高。

6.1.2　参数法的相关研究

参数法最主要的特点是允许对收益的分布进行完整的描述,并且通过避免正态性分布假设,拥有一定程度的模型性能改进空间。陈等(Cheng et al.,2011)采用 WTI 原油以及金、银、铜等金属的现货与期货价格数据,在GARCH 模型中比较了不同分布情况下的动态 VaR,实证结果表明利用SGT 分布得到的风险价值为石油和金属市场提供了最准确的预测。侯克等(Hoque et al.,2013)将时变波动率引入 GARCH 模型,对三种国际股票投资组合进行风险度量,实证结果表明该方法提高了风险测算的准确性。潘慧峰等(2007)采用 GARCH 模型研究了美国 WTI 和我国大庆的原油价格数据,结果表明国际油市出现上涨或者下跌情况时都会对国内油市产生单向的风险溢出。徐炜等(2008)采用上证综合指数日收盘价格数据,比较研究了 GARCH 族的多种模型在两种不同分布状况下对风险价值的度量效果,发现由于股票市场收益率存在尖峰厚尾的情况,正态分布下的模拟效果较差,与实际情况有所脱节,而在 Skewed-t 分布下 GARCH 族模型能够较好地拟合股票市场的风险价值。杨娴等(2011)选取伦敦金属交易所铜、铝、铅、锌、锡和镍六种有色金属品种的日度期货价格作为样本数据,采用多种模型研究了有色金属期货市场风险情况,研究结果表明 GARCH 和指数加权法能更好地度量有色金属期货交易市场在 95% 置信度下的风险。张琼等(2016)采用 GARCH 模型、EGARCH 模型以及 PGARCH 模型对美国股票市场和国内股票市场进行分析,分别考虑收益在多种不同分布情况下对风险进行测度的准确性,研究发现当置信水平处于较低的情况时,参数法对于市场风险的模拟表现更优,但如果处于较高置信水平时,半参数方法反而更为准确。

6.1.3 半参数法的相关研究

极值理论、分位数回归方法等都是半参数中应用极为广泛的方法,其优点主要体现在不需要对收益率的分布形式进行直接估计。极值理论是半参数方法中较为重要的一种,例如乌里尔等(Ourir et al.,2012)运用极值理论对突尼斯股票市场极端流动性风险进行研究,发现在 2007—2008 年的危机时期风险尤为突出,实证表明极值理论是评估突尼斯股票市场流动性风险的最佳方法,尤其是 AR(1)- GARCH(1,1)- GPD 模型。伯杰等(Berger et al.,2014)将极值理论引入 GARCH 模型,利用平静市场和动荡市场的日数据度量由德国股票、本国货币和汇率构成的投资组合风险,发现从 EVT-GARCH-copula 模型中得到的 99% VaR 预测值明显优于其他模型。陈坚(2014)选用股票收益数据研究了股票市场的尾部风险,采用两种方法分别构建 VaR,实证结果采用 Copula 函数的 VaR 的预测效果不佳,并没有优于历史平均值预测,而采用极值理论构建的 VaR 却拥有较为优异的预测能力。

分位数回归是一种给定回归变量 X,估计响应变量 Y 条件分位数的基本方法。希姆等(Shim et al.,2012)发现对于标准普尔 500 指数、NIKEI 225 指数和 KOSPI 200 指数,所选取的分位数回归模型总体上优于方差-协方差以及线性分位数回归。鲍尔等(Baur et al.,2012)通过分位数自回归方法对近 30 年来道琼斯 600 指数进行研究,发现下分位数对过去的收益率呈现正相关,而上分位数则呈现负相关。陈守东等(2014)采用分位数回归方法研究了国内上市金融机构风险状况,研究结果显示对金融机构系统性风险贡献度最大的为银行类机构,而且其波动变化也是在金融机构中最大的,其他机构例如保险、信托、证券等类型的金融机构就相对较低。马麟(2017)研究了我国商业银行的风险溢出性,选取国内15家商业银行在股市的每日收盘价作为样本数据,研究表明系统性风险溢出效应在国内银行系统内是存在的,单个银行一旦受到危机冲击,会对银行的整个系统产生较为显著的风险溢出效应,相比较于股份制银行,国内四大国有银行的风险控制能力要更强。

CAViaR模型,全称为Conditional Autoregressive Value at Risk,即条件自回归分位数风险价值,是由Engle和Manganelli(2004)开发构建并引入到金融研究领域中的。其基本思想是直接模拟分位数随时间变化而演化的过程,而不是模拟整个投资组合收益的分布。关于CAViaR模型的实证研究大致可以分为以下两种类型,第一种类型是直接应用CAViaR模型进行实证分析并与其他模型相比较,第二种类型是对该经典模型原形式进行改进。Allen et al.(2012)将CAViaR模型应用于澳大利亚股市,检验了CAViaR模型的有效性,发现该模型优于GARCH模型和Riskmetrics模型。张颖等(2012)选取了全球四种具有代表性的股票指数进行实证检验,研究发现与其他两种模型相比,SAV模型并不是最优的,并且对于较为成熟的金融市场如美国和日本,IG模型更适合刻画其风险演化过程。余白敏等(2015)采用三种指数的高频数据对比了CAViaR模型与基于"已实现"波动率的ARFI模型效果,发现CAViaR模型的预测能力更强。张俊等(2016)选取隔夜回购利率为研究对象,采用CAViaR模型进行实证分析与风险价值刻画,发现该模型对利率风险大小的拟合效果较好,其中AS模型表现最优。曾裕峰等(2017)采用了GARCH模型与CAViaR模型对沪深300股指期货的当月连续合约进行风险建模,根据检验结果可以发现CAViaR模型风险预测效果更为精准。郭文伟等(2017)通过对申万房地产行业指数进行检测,发现房地产走势结构存在3个最佳突变点数,联合检测结果与实际情况将其分为四个区间,基于CAViaR模型对其进行分区间建模,结果表明房地产市场风险在不同时期区间所表现出的差异十分明显。

在该模型拓展改进方面,陈功等(2009)将 CAViaR 模型与 DDC 模型相结合,分别度量了上证综合指数、深证成分指数单个资产以及两者投资组合的风险价值,发现相比较于一般的 DCC 模型,改进后的 CAViaR 模型的风险拟合效果要更优。王新宇等(2010)构建了 AAVS-CAViaR 模型对沪、深、港三地市场所对应的上证综合指数、深证成份指数、恒生指数收益率进行实证分析,发现三地股票市场的正负收益对其市场的冲击均出现不对称的情况,其构建的模型更能有效描述市场风险。蒋涛等(2012)聚焦于英国、美国、日本、中国香港四个股票市场,根据 copula 函数计算出其依赖关系值,再通过 CAViaR 模型估计参数并检验,发现这四个股票市场均适用,此外 IG-copula 对市场风险描述的稳定性最好。闫昌荣(2012)在原有 CAViaR 模型的基础上添加了流动性度量指标,构建了 LA-CAViaR 模型,实证发现新构建的模型对于国内股市的流动性风险有较好的刻画效果,随着股票流动性的下降,股票市场的风险会显著增大,而且正负流动性带来的影响是不对称的,相比于负向流动性,其正向所产生的影响会更为明显。张晨等(2015)在度量碳市场风险时,与 GARCH-GED 模型相比,CAViaR 模型的拟合和预测方面要更加有优势,加入极值理论以后,发现 EVT-CAViaR 模型更能够稳健地处理测度 CER 市场风险。简志宏等(2015)在 CAViaR 模型中加入了外生变量美元指数之后,对日元、人民币、港币的汇率进行隔夜汇率风险度量,发现美元指数的波动会加大其隔夜风险,且模型上来看添加了变量后的模型拟合效果更佳,其中加入美元指数后的 AS 模型要更加优于添加美元指数后的 SAV 模型。彭伟等(2016)在 AS 模型基础上运用了门限函数和加权方法,对亚洲的具体股市,如日本、韩国、中国、新加坡、马来西亚、菲律宾等市场的股指数据进行了分析,研究结果表明发展中国家金融市场更容易受到滞后风险的显著影响,与发达国家金融市场相比,其影响程度要更大。曾裕峰等(2017)考虑了多元因素的影响,引入了多个变量,研究了国内不同行业间的风险传染性,结果表明三个板块之间都具有高度自相关性,我国银行业更容易将风险传导到保险和证券行业板块,此外新构建的模型具有相当的稳健性,预测更为精准。刘小瑜等(2018)研究了原油市场的风险,通过 EVT-CAViaR 模型对 WTI 原油收益率数据进行建模,发现该模型在测算原油市场的极端风险时能够较好地预测极端尾部风险,选择其作为油价风险价值的度量工具更为有效与可靠。叶五一等(2018)应用 MV-CAViaR 模型对五种美元汇率和石油价格进行研究,发现金融危机期间,美元外汇市场和石油市场之间存在显著的风险溢出效应,而且这种溢出效应是双向存在的,其中石油净进口与净出口较为明显的地区所对应的美元汇率的溢出效应更为明显,这与实际情况也是十分相符的。李政等(2018)研究了在岸与离岸市场的人民币利率风险状况,利用 MVMQ-CAViaR 模型对境内外银行间同业拆借利率变动情况进行实证分析,研究结果表明其之间存在极端的风险溢出性,但短期与长期品种所表现出的溢出性并不相同,其中短期品种更多的是双向溢出,而长期品种主要是从在岸到离岸的单向溢出。此外,该模型对境内外的人民币利率风险有着较为优异的度量与预测效果。

6.2 │ CAViaR 模型形式

6.2.1 VaR 概念

风险价值(简称 VaR)是指在一定时期内,一定置信水平下,当市场发生最坏状况时,某种资产组合所面临的最大损失。从概念上来看,其定义较为简洁明了,它将与任何投资组合相关的风险情况简化,直接转化成一个具体损失金额,是一种极为便利的风险管理工具。当前,风险价值这一衡量工具在金融风险管理中使用较为频繁,普及面较为广泛,在风险管理领域有着不可动摇的地位。本节是在 VaR 概念的基础上进行研究的,特此介绍该概念的定义。

假定 $\{y_t\}_{t=1}^{T}$ 表示日收益率的时间序列,其中 $y_t = \ln P_t - \ln P_{t-1}$,$P_t$ 为 t 日收盘价,P_{t-1} 为 $t-1$ 日收盘价。置信水平为 $1-\theta$,在 $t-1$ 日,确定 t 日的潜在最大损失 VaR_t,如下公式:

$$P(y_t < -\text{VaR}_t \mid \Omega_{t-1}) = \theta \qquad (6-1)$$

式中,Ω_{t-1} 表示第 $t-1$ 日及之前的所有信息形成的 σ 域。

6.2.2 模型形式

CAViaR 模型认为股票市场的波动性会随时间变化重新聚集,也就是认为它们的分布是存在自相关的。这种条件自回归分位数模型是通过直接对分位数或者风险价值进行建模,从而代替了对整个分布建模。该模型使用特殊类型的自回归过程指定分位数随时间的演变,通过最小化 RQ 损失函数来估计未知参数,估计方法采用的是分位数回归,由于不用对误差项进行假定,模型风险会有所降低。即使分位数模型不正确,分位数回归的目标函数最小化的过程仍然能度量其与真实模型的差异。该模型的一般形式如下:

$$VaR_t(\beta) = \beta_0 + \sum_{i=1}^{q} \beta_i\, VaR_{t-i}(\beta) + \sum_{j=1}^{r} \beta_j l(X_{t-j}) \qquad (6-2)$$

其中,β 为 CAViaR 估计参数向量,维数为 $q+r+1$。$l(\cdot)$ 为已知函数,X_{t-j} 为在时间 $t-j$ 上的可观测变量所组成的向量,初始为收益率滞后量。基于公式(6-2)的基础上,以下常用的代表性形式进而被提出,包括对称绝对值模型(Symmetric Absolute Value Model,简称为 SAV 模型),非对称模型(Asymmetric Slope Model,简称为 AS 模型),间接 GARCH 模型(Indirect GARCH Model,简称为 IG 模型)和适应性模型(Adaptive Model,简称为 AD 模型),具体形式如下:

对称绝对值模型(SAV 模型):

$$VaR_t(\beta) = \beta_1 + \beta_2\, VaR_{t-1}(\beta) + \beta_3 \mid y_{t-1} \mid \qquad (6-3)$$

非对称模型(AS 模型):

$$VaR_t(\beta) = \beta_1 + \beta_2 VaR_{t-1}(\beta) + \beta_3 (y_{t-1})^+ + \beta_4 (y_{t-1})^- \qquad (6-4)$$

间接 GARCH 模型(IG 模型):

$$VaR_t(\beta) = [\beta_1 + \beta_2 VaR_{t-1}^2(\beta) + \beta_3 y_{t-1}^2]^{1/2} \qquad (6-5)$$

适应性模型(AD 模型):

$$VaR_t(\beta_1) = VaR_{t-1}(\beta_1) + \beta_1 \{[1 + \exp(G[y_{t-1} - VaR_{t-1}(\beta_1)])]^{-1} - \theta\} \qquad (6-6)$$

其中，y_{t-1} 为滞后一阶收益率，以此来反映过去的收益率对当前风险的影响。VaR_t 为在时间 t 时的风险值。公式（6-3）中的 SAV 模型没有区分正负收益率对风险值的影响，但公式（6-4）中的 AS 模型区分了正负收益率冲击项对风险值的影响，其中，$(y_{t-1})^+ = \max(y_{t-1}, 0)$，$(y_{t-1})^- = -\min(y_{t-1}, 0)$，分别表示了 y_{t-1} 的正部与负部。而公式（6-5）中的 IG 模型主要采用的是收益率波动形式。适应性 AD 模型中，G 是一个正的有限数字，当 G 趋向于无穷大时，等式右边的第二项将收敛于 $\beta_1[I(y_{t-1} \leqslant VaR_{t-1}(\beta_1)) - \theta]$。但是此模型已经被学术界证明劣于其他三种模型，因此本文主要采用前三种模型进行实证分析。

为了分析外部因素对我国有色金属期货市场的风险溢出性，基于 CAViaR 前三种具体形式，本文又引入外生变量 V，拓展为 CAViaR-V 模型，

SAV-V 模型：

$$VaR_t(\beta) = \beta_1 + \beta_2 VaR_{t-1}(\beta) + \beta_3 |y_{t-1}| + \beta_4 V_{t-1} \qquad (6-7)$$

AS-V 模型：

$$VaR_t(\beta) = \beta_1 + \beta_2 VaR_{t-1}(\beta) + \beta_3 (y_{t-1})^+ \\ + \beta_4 (y_{t-1})^- + \beta_5 (V_{t-1})^+ + \beta_6 (V_{t-1})^- \qquad (6-8)$$

IG-V 模型：

$$VaR_t(\beta) = [\beta_1 + \beta_2 VaR_{t-1}^2(\beta) + \beta_3 y_{t-1}^2 + \beta_4 V_{t-1}^2]^{1/2} \qquad (6-9)$$

其中，V_{t-1} 为加入变量的滞后一阶收益率，以此来体现变量加入后对风险价值的影响。公式（6-7）和（6-9）中的 β_4，公式（6-8）中的 β_5 和 β_6 可以衡量外部因素对我国有色金属期货市场风险值的影响程度。其中，公式（6-8）中的 $(V_{t-1})^+ = \max(V_{t-1}, 0)$，$(V_{t-1})^- = -\min(V_{t-1}, 0)$，系数 β_5 和 β_6 区分了外部因素的正负收益率对风险值的影响。如果系数显著且不为 0，则说明加入的该因素对我国有色金属期货市场存在显著的影响，反之，则不存在。

6.3 │ 参数估计

我们采用 Nelder-Mead Simplex 和 Quasi-Newton Algorithms 相结合的方法估计上述模型参数。该方法进行优化的算法步骤大致如下：

第一步：VaR 初始值估计,首先选取前 300 个样本数据重新排列,其顺序为由小到大,找取置信度为 95% 时的 VaR 初始值；

第二步：对模型中的每个待估参数生成 10000 个服从 U(0,1) 分布的随机参数向量；

第三步：对于每组参数向量分别计算 RQ 值,得到 10000 组 RQ 值；

第四步：将 RQ 值从小到大进行排序,从中选择最小的前 10 组,将其对应的参数向量作为算法的初始值；

第五步：重新计算 RQ 优化值,比较计算出的 10 组 RQ 优化结果,选择最小 RQ 值所对应的参数向量,这就是为模型估计出的最终参数估计值。

上述步骤中所提到的要优化的 RQ 目标函数为：

$$RQ = \sum_{y_t \geqslant x_\beta} \theta \mid y_t - f(x_t, \beta) \mid + \sum_{y_t < x_\beta} (1 - \theta) \mid y_t - f(x_t, \beta) \mid \quad (6-10)$$

其中, y_t 表示资产组合在时刻 t 的收益, x_t 是由时刻 t 的解释变量构成的向量,此处为 VaR 的滞后项, $f(x_t, \beta)$ 表示在观测到 x_t 条件下 y_t 在 θ 概率水平下的分位数, β 为参数向量。本文中 CAViaR 模型参数估计的所有算法均由 Matlab 软件编程计算完成。

6.4 │ 模型检验

为了确定模型所估计出的结果是否精准,在参数估计之后需要对其进行检验,分析其实际值超出预测值的概率为多少。如果实际损失超过了预测的风险价值,那么可以将超出一次的情况定义为 VaR 违背事件发生了一次。假定事件系列为 $\{I_t\}_{t=1}^T$,该违背事件的具体形式定义如下：

$$I_t = \begin{cases} 1, y_t < -\mathrm{VaR}_t \\ 0, y_t \geqslant -\mathrm{VaR}_t \end{cases} \quad (6-11)$$

$\{I_t\}_{t=1}^T$ 描述了样本内 VaR 违背事件发生的全部信息,据此可以构造不同的后验测试统计量。如果一个 VaR 预测违背模型是理想的,那么得到的违背事件序列 $\{I_t\}_{t=1}^T$ 在任一点上是不可预测的,且在时间轴上是独立分布的,是典型的伯努利分布随机变量。

如果模型参数估计正确且参数真实,则必有 $\forall t, P(y_t < -\text{VaR}_t) = \theta$,等价于指数函数值 $\{I_t\}_{t=1}^T$ 满足独立同分布。动态分位数检验(Dynamic Quantile Test)首先定义函数 $Hit_t = I_t - \theta$,当 $y_t < -\text{VaR}_t$,$Hit_t = 1 - \theta$,当 $y_t \geqslant -\text{VaR}_t$,$Hit_t = -\theta$。如果模型参数估计正确,$P(y_t < -\text{VaR}_t) = \theta$,$E(Hit_t) = 0$。对于任意给定的信息 $\omega_{t-1} \in \Omega_{t-1}$,都有 $E(Hit_t | \omega_{t-1}) = 0$。这说明 Hit_t 对于任何滞后的 Hit_{t-k} 和预测的 VaR_t 都不具备相关性。为此,Engle 和 Manganelli 构造回归方程检验 Hit_t 是否满足上述性质,该方程如下:

$$Hit_t = \delta_0 + \delta_1 Hit_{t-1} + \cdots + \delta_k Hit_{t-k} + \delta_{k+1}\text{VaR}_t + \mu_t = X\delta + \mu_t \quad (6-12)$$

其中,$\delta' = \{\delta_0, \cdots, \delta_{k+1}\}$,$X = \{1, Hit_{t-1}, \cdots, Hit_{t-k}, \text{VaR}_t\}$。

如果该回归方程显著不成立,则说明 Hit_t 不存在自相关的现象,该模型优良。对此方程进行 F 检验,建立原假设 $H_0: \delta = 0$,使用最小二乘估计得到系数矩阵 δ 估计值如下:

$$\delta_{\text{OLS}} = (X'X)^{-1}X'Hit \sim N[0, \theta(1-\theta)(X'X)^{-1}] \quad (6-13)$$

样本内动态分位数检验表示如下:

$$DQ_{IS} = \frac{Hit'X(\hat{M}_T\hat{M}_T')^{-1}X'Hit'}{\theta(1-\theta)} \sim x_{k+2}^2 \quad (6-14)$$

其中,$M_T = X' - E[T^{-1}X'H\nabla f]D_T^{-1} \times \nabla'f$,$H$ 是有典型入口的对角矩阵 $h_t(0|\Omega_t)$,$Hit = (Hit_1, \cdots, Hit_T)'$,$X = (X_1, \cdots, X_T)'$,$t = 1, \cdots, T$。

样本外动态分位数检验表示如下:

$$DQ_{OOS} = \frac{\delta_{\text{OLS}}'X'X\delta_{\text{OLS}}}{\theta(1-\theta)} \sim x_{k+2}^2 \quad (6-15)$$

根据 DQ 统计量,可判断原假设是否成立,若原假设成立,则表明模型的设定合理。样本内的 DQ 检验是针对 CAViaR 估计过程中的规范化测试,对于模型的选择非常有用,可以判断模型的拟合效果的优劣程度。而样本外 DQ 检验不依赖于模型具体估算程序与过程,可以用来判断提交的 VaR 估计是否满足每个良好分位数估计所需要满足的要求,可以用来做样本外风险预测效果的检验。总体来说,动态分位数检验可以被解释为估算 CAViaR 过程的总体拟合优度测试,是一种评估分位数模型性能的新型测试,可以用来测试模型优劣,判断其拟合与预测效果如何。

6.5 │ 本章小结

本章从非参数、参数和半参数三种风险测度方法对风险测度的相关研究进行了分类综述,并对 CAViaR 模型进行了着重分析。本章首先在 CAViaR 三种具体形式的基础上引入外生变量 V,将其拓展为 CAViaR-V 模型,并采用优化的 Nelder-Mead Simplex 和 Quasi-Newton Algorithms 相结合的方法对模型进行参数估计,最后通过样本内与样本外动态分位数检验测试对模型优劣及其拟合与预测效果进行判断。

第七章　基于 CAViaR 模型的系统性风险测度

本章进一步将第六章介绍的 CAViaR 模型运用到我国期货市场的系统性风险测度中,对上期有色金属指数进行参数估计与检验评价,并利用 CAViaR 模型对样本外风险进行预测,通过将预测结果与实际情况进行比较,考察 CAViaR 模型对风险的刻画效果。

7.1 ｜ 数据选取

本节将研究视角聚焦于我国有色金属期货市场,为了能够反映出该市场的整体状况,选取了上海期货交易所发布的有色金属价格指数,即上期有色金属指数(Industrial Metal Commodity Index,简称为 IMCI)。该指数编制时选取了国内期货交易市场中有色金属期货品种作为标的,能够从整体上展现出有色金属期货市场的情况,能够综合体现出其市场价格变动趋势。所以,本研究以上期有色金属指数收益率数据作为样本数据,时间跨度为 2012 年 1 月 4 日至 2019 年 12 月 9 日,共 1925 组数据。本节主要通过万得资讯获取该指数收盘价数据,并将所有收盘价数据转化为对数收益率形式,表达式为 $R_t = \ln P_t - \ln P_{t-1}$,其中,$R_t$ 为 t 日收益率,P_t 为 t 日收盘价,P_{t-1} 为 $t-1$ 日收盘价,以此对我国有色金属期货市场进行风险测度。

7.2 ｜ 描述性统计

表 7-1　描述性统计

名称	均值	标准差	偏度	峰度	JB统计量	P值
IMCI	−4.94E−05	0.0095	−0.0451	5.9580	702.4659	0.0000

如表 7-1 所示，Jarque-Bera 统计量为 702.4659，P 值为 0，说明上期有色金属指数收益率序列拒绝原假设，为非正态分布。具体来看，该收益率序列的偏度为 -0.0451，偏度值为负数，其概率分布呈现出左偏态。此外，该序列峰度为 5.9580，其峰度大于正态分布峰度值 3，存在尖峰情况。总体而言，该序列并不服从正态分布。

7.3 | 平稳性检验

本文利用 ADF 方法对上期有色金属指数收益率序列的平稳性进行检验，检验结果如表 7-2 所示。

表 7-2 ADF 检验结果表

检验变量	ADF 统计量	5%临界值	概率值	检验结果
IMCI	-45.7157	-2.8628	0.0001	平稳

由表 7-2 的检验结果可知上期有色金属指数序列的 t 统计值为 -42.7157，原假设的伴随概率为 0.0001，小于显著性水平，拒绝原假设，上期有色金属指数序列不具有单位根，是平稳序列。

7.4 | 实证结果分析

利用 CAViaR 模型对上期有色金属指数进行参数估计及检验评价，结果如表 7-3 所示。其中，RQ 值表示取得局部最优参数时最小分位数回归函数值，RQ 函数值越小，其所对应的模型回归效果越佳；P_DQ_in 表示 DQ 检验样本内的 P 值，用于检验样本内的模型整体显著性，若大于 5%，则通过检验；Hit_in 表示样本内损失超过 VaR 预测值发生的概率，越接近分位水平越优。

表 7-3 CAViaR 模型结果

模型	SAV 模型	AS 模型	IG 模型
β_1	0.0008	0.0031	7.96E-06
P 值	0.3996	0.2494	0.0722

续表

模型	SAV 模型	AS 模型	IG 模型
β_2	0.9098**	0.7114**	0.9309**
P 值	0.0000	0.0007	0.0000
β_3	0.1005	0.0856	0.1210**
P 值	0.4219	0.1091	0.0387
β_4		0.4516	
P 值		0.1056	
RQ 值	1.8438	1.8249	1.8367
P_DQ_in	0.7751	0.7109	0.7402
Hit_in	0.0499	0.0505	0.0499

注:＊＊表示系数在 5%显著性水平下显著。

从估计结果可以看到,在所有模型中,自相关系数 β_2 都非常显著,本期 VaR_t 和上一期 VaR_{t-1} 之间存在非常强的正一阶自相关性,说明其存在显著的波动聚集效应,我国有色金属期货市场风险会受到滞后风险的影响。在 IG 模型中,β_3 系数显著,说明上期有色金属指数的波动会对 VaR 产生显著正向影响,上期有色金属指数波动越大,市场风险越大。从 DQ 检验来看,三种模型的 P_DQ_in 的值均大于 5%,说明这三种模型都通过了样本内的动态分位数检验。从 Hit_in 的值可以看出,在 SAV 模型和 IG 模型下,样本内损失超过 VaR 预测值发生的概率均小于 5%。

7.5 | 风险预测

本节留有后 300 组收益率数据用于样本外的预测与检验,利用 CAViaR 模型对样本外风险进行预测,比较预测结果与实际情况来考察 CAViaR 模型对风险的刻画效果。图 7-1 至图 7-3 中的浅色曲线代表 CAViaR 模型对后 300 组数据的风险预测值相反数序列($\theta=5\%$),深色曲线代表样本外的上期有色金属指数收益率序列,圆圈标记的为实际值超出预测值的情况。

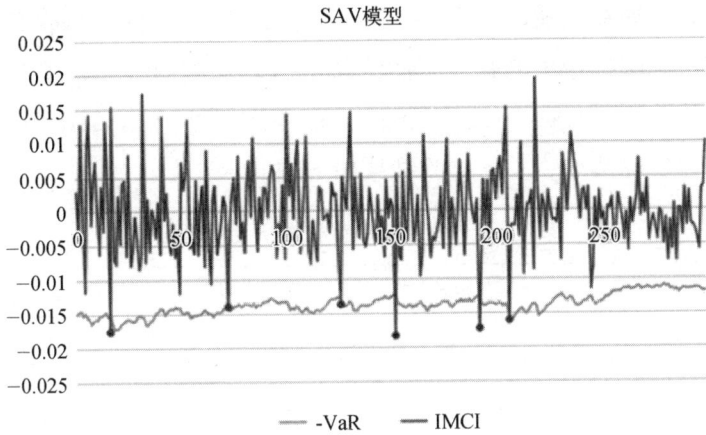

图 7 - 1　SAV 模型的预测结果

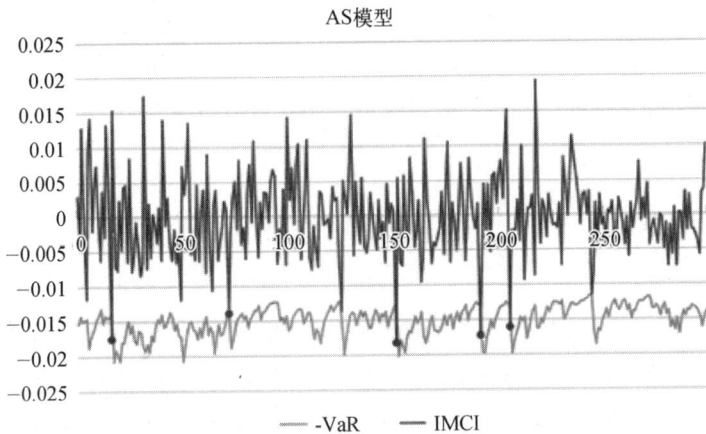

图 7 - 2　AS 模型的预测结果

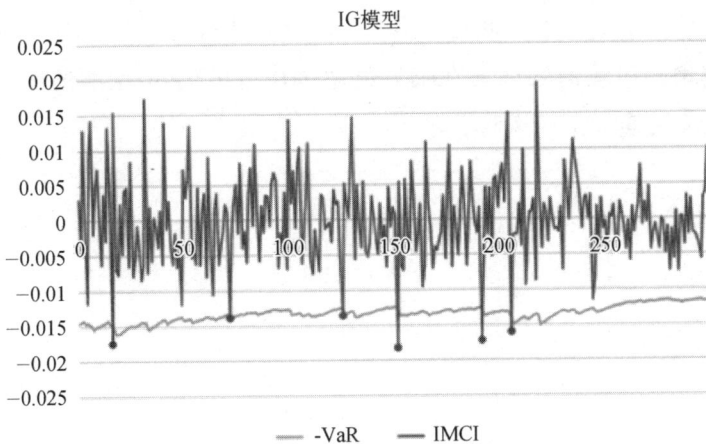

图 7 - 3　IG 模型的预测结果

从收益率曲线的波动来看,上期有色金属指数收益率序列都在 0 附近波动。图中圆圈标记出的收益率曲线超出风险预测曲线的情况较少,仅有 5—6 次,表明实际风险超过预测风险值的情况较少,CAViaR 预测值能够较好地覆盖实际情况。具体检验结果如下表所示:

表 7-4　CAViaR 模型样本外检验结果

模型	SAV 模型	AS 模型	IG 模型
P_DQ_out	0.4524	0.1918	0.4515
Hit_out	0.0200	0.0167	0.0200

P_DQ_out 表示 DQ 检验样本外的 P 值,用于检验样本外的模型整体显著性,若大于 5% ,则通过检验;Hit_out 表示样本外击穿事件发生的概率即失效概率,若小于 5% ,则预测成功。由表 7-4 可知,CAViaR 模型通过了样本外的 DQ 检验,且损失超过 VaR 预测值的概率均小于 5% ,该模型预测成功。

7.6 ｜ 本章小结

本章利用 CAViaR 模型对上期有色金属指数进行参数估计与检验评价,并利用 CAViaR 模型对样本外风险进行预测。参数估计结果显示我国有色金属期货市场风险受到滞后风险的影响,上期有色金属指数的波动会对 VaR 产生显著正向影响,DQ 检验结果显示 SAV、AS、IG 模型均通过样本内的动态分位数检验。通过将预测结果与实际情况进行比较,发现实际风险超过预测风险值的情况在临界值范围内,CAViaR 预测值能够较好地刻画有色金属期货市场风险。

第八章　基于CAViaR模型的风险溢出性分析

汇率和利率是金融市场上的两大微观变量,汇率的变动、利率的高低等会直接影响金属期货价格的变化;同时,由于金融子市场间的高度相关性与资本流动性,其他金融市场对金属期货市场同样具有风险溢出性。因此,本章进一步将CAViaR模型应用于我国有色金属期货市场风险的测度中,分析汇率、利率及其他金融市场这些因素对我国有色金属期货市场的风险溢出性,使用改进后的CAViaR-V模型探究美元指数、Shibor利率、国内股票市场、伦敦金属期货市场、纽约期货市场对我国有色金属期货市场风险的影响。

8.1 ｜ 相关文献概述

风险溢出性是学术界研究系统性风险的重要研究方向之一。目前,国内外学者针对溢出性的研究大多是集中于以下三种类型的金融市场。

8.1.1　股票市场的风险溢出性研究

国内外学者对股票市场的风险溢出性研究主要为同类股票市场之间的风险溢出性以及股票市场与其他市场之间的风险溢出性。卡埃塔诺等(Caetano et al.,2011)以美国、中国香港和巴西股市为研究对象模拟风险溢出强度。王(Wang,2014)基于CGARCH模型和Granger因果检验研究发现中国A股市场长期波动的极端风险对国外股票市场具有较强的风险溢出性,而短期波动则易受海外风险的影响。刘晓星等(2011)选取了美国、中国等五个国家股票市场的股指数据,研究了美国股票市场的风险溢出性,结果发现标准普尔指数对另外四个股票市场的风险溢出性均为正向且显著,其中,上证综合指数受到的风险溢出效应最为微弱。刘晓云等(2013)研究了在欧洲主权债务危机背景下的溢出性,结果发现欧债危机源股指的风险溢出性是显著存在的,其中对中国、印度和俄罗斯等新兴市场的影响最为明显。刘海云等(2018)以全球 40 个主要股票市场为研究样本,分析各国在这些股票市场中所处的地位,探讨其各自的市场风险会对整体股票系统所造成的影响,结果表明这些市场之间存在风险溢出性,而且这种特征并非是完全对称,其中,发达国家的股票市场溢出性最强。

国内外许多学者除了研究同类股票市场的溢出性,还对该市场与其他不同类型市场的溢出关系展开了学术探讨。雷沃雷多等(Reboredo et al.,2016)研究发现在所考察的一系列新兴经济体中均存在股市与汇市间的双向风险溢出,并且市场在上行和下行风险期,股市和汇市间的风险溢出是非对称的。韩鑫韬等(2012)以国内债券市场和股票市场为研究对象,采用 DCC-MGARCH 模型测度了两者的风险值,通过实证分析发现上证股票指数收益率波动越大,国债指数收益率增加,两者之间存在相关性。柏满迎等(2014)研究了我国股票市场与基金市场之间是否存在联动关系,结果显示两个市场之间有存在风险溢出性,其中,沪深股票市场对基金市场的风险溢出性明显要更强。陈学彬等(2016)基于多元多分位数 CAViaR 对中美不同市场进行实证分析,发现中国股票和债券市场的极端风险传染性明显增强,美国股票和债券市场的联动程度相对较高,其中对于尾部风险而言,股票更能够对企业债产生溢出性。周爱民等(2017)聚焦于股票市场与外汇市场,发现在同一类别的金融市场之间风险溢出效应要强于不同类别的市场。曾志坚等(2019)研究发现我国股市与公司债市场之间存在显著的风险溢出效应,而且这种溢出是双向且不对称的,具体来说,公司债市场所释放出的溢出性要更强一点。

8.1.2　期货市场的风险溢出性研究

对期货市场的风险溢出性研究主要包括对同类型期货市场,甚至同品种期货的研究。宫等学者(Kung et al.,2008)对美国和欧亚市场九种主要股指期货的收益率进行了预测,同时发现其溢出效应确实存在,道琼斯指数期货的日收益率对其他指数期货的收益率影响最大。周伟等(2012)针对国内金属期货交易中的期铜品种进行研究,分析国内期铝以及国外伦敦期铜这两个品种对该研究对象的溢出性,结果发现国内期铜更容易受到伦敦期铜的影响,而国内期铜与期铝之间虽然存在双向溢出,但是期铜的溢出性明显更强。沈虹等(2014)采用独立成分分析方法对三种不同期货品种在国内外期货市场之间的风险溢出性进行了研究,发现金融危机爆发前后,国内外主要期货品种的风险溢出强度存在显著的差异性。刘建和等(2018)以伦敦期货铜、沪铜为研究对象,检验伦敦铜以及沪铜期货市场之间的溢出性程度,结果表明伦铜和沪铜期货市场之间存在着积极的相互溢出效应。

不少学者将期货市场与其他金融市场相联系,研究其之间的风险溢出性。项歌德等(2012)聚焦于股指期货市场与现货市场,发现两者之间存在溢出性,但从短期和长期来看,其溢出性的具体表现有所差异,其中短期内溢出性会呈现出非对称性。米咏梅等(2014)以沪深 300 指数、中证国债指数以及中证商品指数作为样本数据,研究发现这三个市场之间会互相传导金融风险,具有一定的溢出性。郭玉晶等(2015)研究发现国际原油期货市场与国内农产品期货市场均存在自相关性,其中国际原油期货市场与玉米、大豆这两种农产品期货市场中存在溢出性,而且这种特性是双向的。梁仁方等(2016)研究了金融危机前后伦敦国际石油交易所的布伦特原油期货和郑州商品交易所上市的 PTA 期货之间的溢出效应。严伟祥等(2017)对我国银行业、证券业、保险业、信托业和股指期货进行实证分析,发现这些行业彼此之间有显著的溢出性,具体行业不同,其风险传导程度有所差异。

8.1.3 银行间市场的风险溢出性研究

银行间市场是风险溢性研究的重要市场之一,这主要是因为随着国内各金融主体之间的关联性愈发紧密,居于金融体系中心、规模较大、较为复杂的金融机构,其风险状况更容易影响到金融体系的整体稳定性,为金融机构之间的风险溢出与传播提供了途径。托比亚斯等(Tobias et al.,2009)提出了一个全新的系统性风险度量标准即 $\Delta CoVaR$,其定义为相对于正处在困境中的金融机构,其金融系统风险价值的变化。高国华等(2011)主要研究了国内银行业的系统性风险,分别对 14 家银行进行风险度量,结果表明风险贡献度与其自身风险价值之间没有线性关系,我国四大国有银行系统性风险溢出最大,股份制银行的风险溢出性远小于中国建设银行、中国银行、中国工商银行。卡斯特罗等(Castro et al.,2014)以 26 家欧洲大型银行为研究对象,将 $\Delta CoVaR$ 作为系统重要机构的识别工具并拓展了其显著性检验,根据估计出的系统风险贡献确定金融机构是否可以归类为具有系统重要性的金融机构,根据系统重要性高低程度对金融机构进行排名。周天芸等(2014)将研究视角聚焦于金融机构之间的溢出性水平,发现金融机构受到负向冲击时的风险溢出性更强,具有非对称性,其中银行的风险溢出系数较大,但由于我国资产规模较大的国有银行拥有国家信用支持,相对较为稳定,因而其风险贡献程度相对于证券行业而言较低。陈国进等(2017)评估了我国银行间系统性风险的溢出性,认为某一银行的贷款额与同业负债出现增长,其对银行间整体风险的溢出性也会增强,但同时溢出性也会随着该银行的股本与留存收益的增加而减少。

不少学者将银行间市场与其他金融市场相联系,研究其之间的风险溢出性。徐映梅等(2015)采用 GARCH-Copula-CoVaR 模型研究发现银行、证券、保险、信托业市场之间存在两两非对称的双向风险溢出,其中证券市场对其他市场的风险溢出性最强。叶莉等(2019)研究了金融机构之间的风险溢出效应,构建了风险溢出有向加权网络,发现银行业对证券和保险行业具有较强的风险溢出效应,尤其是证券业较易受到其他行业的风险冲击。翁志超等(2019)以互联网金融指数和商业银行指数日度收盘价为样本数据进行实证研究,发现互联网金融对商业银行具有正向且显著的系统性风险溢出效应,而且对股份制银行的风险溢出效应要大于国有银行,存在溢出的异质性。陈金鑫(2019)等从银行间市场、房地产市场以及证券市场的流动性传导角度出发,运用 Copula 函数模型构建了这三种市场相互作用的系统流动性风险度量框架,分析市场之间风险的传播路径。周亮等(2019)采用 DY 信息溢出模型对我国金融五个行业的风险溢出进行实证分析,发现与银行业、保险业相比,房地产业更容易成为下跌风险溢出的爆发点,而证券业与多元金融行业更容易将上涨风险传导到其他行业。

8.2 │溢出性理论分析

本节内容主要是分析相关金融因素对我国有色金属期货市场溢出性的理论基础,首先对溢出性的概念进行了介绍,明确界定本节所研究的溢出性含义,而后从理论角度来分析为什么本节会选择汇率、利率及其他金融市场这些因素来研究对我国有色金属期货市场风险的溢出性。汇率和利率是金融市场上的两大微观变量,汇率的变动、利率的高低等都会直接影响到金属期货价格的变化,所以选定汇率及利率这两类金融因素。此外,考虑到不同金融子市场间交易品种的高度相关性以及资本流动的特征,本文选定股票市场、伦敦及纽约金属期货市场,分析它们对我国有色金属期货市场风险的溢出性。

8.2.1　溢出性概念

金融市场之间彼此关联,构成了金融体系,在现代经济社会发展中发挥着举足轻重的作用。但是,现代金融体系作为一个具有高风险的组织体系,风险一旦产生,极其容易传导,进而影响到其他经济活动。国际清算银行在2011 年的宏观审慎政策工具框架报告中将系统性风险定义为少部分的参与主体因经济损失而不能履约,导致其他参与主体也违约所引起的债务连锁反应,进而使得金融困难大面积发生的情况,强调了系统性风险发生时各主体之间的传染性。金融市场或者金融机构在从事金融活动的过程中,会因为受到外部或内部因素冲击影响而产生剧烈波动甚至危机,此时系统性风险一旦发生,会冲击、破坏金融系统的整体稳定性,其他金融主体也难以幸免,也会遭受到经济损失。溢出性是描述系统性风险状况的重要方式之一。根据现代经济词典,溢出性可以解释为一个主体对除自身以外的其他主体产生影响,并且这种影响逐步发展,进而脱离自身的控制。这种在经济主体遭受其他看似不相关的主体冲击时的所表现出的外部影响,普遍存在于各大金融市场主体之间,无论金融市场主体是否为同一类型,都有可能存在一定的溢出性。因为本文的研究视角是聚焦于有色金属期货市场,主要是对我国该市场进行风险价值的度量与预测,所以本章节所研究的溢出性主要是指相关金融因素对我国有色金属期货市场风险所产生的单向溢出影响。

8.2.2　汇率因素

汇率作为国内外金融发展的重要纽带,是货币政策调控的重要工具,关乎金融市场的稳定与发展,因而成为学术研究的重点,不少研究都探讨了汇率对于金融安全、资产价格、资本流动方面的影响。例如王道平等(2017)基于发展中国家与新兴市场的数据,研究发现如果汇率政策处于较低的可置信性,国际投机资本更容易对本国汇率进行投机冲击,货币危机发生的可能性会增加。不少学者针对汇率对资产价格的影响开展了学术研究,其中,何诚颖等(2013)研究了我国汇率与股价之间的时变关系,发现汇率与股价波动呈现出较强的时变特征。江春等(2015)研究发现汇率预期通过资本流动等渠道影响股价,且这种影响并非固定,呈现出非对称性和异质性。王红等(2017)研究了汇率对股价以及房地产价格的影响,认为如果汇率出现升值预期,国内股市价格会受到抑制,而房价却恰恰相反,反而会受到其促进作用。由于国际资本在我国金融市场的活跃程度愈发提升,不少学者都探讨了汇率与资本流动之间的关系。王世华等(2007)研究了资本流动的影响因素与流动途径,结果发现与利率相比,汇率所产生的作用更为显著且重要。路妍等(2015)考虑到美国货币政策会对外部产生一定的作用,进而研究了其量化宽松政策背景下,我国短期资本流动是否会受到影响,结果表明汇率及利率会受到该政策的冲击,进而影响我国资本流动的变化。赵方华等(2019)从美元指数波动角度出发,研究了其波动与资本流动的关联程度,结果表明美元指数上升能够导致国内资本向外流出,此外,当资本流动性程度不同时,美元指数对其影响也会有所差异。

有色金属期货市场作为金融体系中重要一环,其国际化程度越来越高,与国际市场的关联度越来越紧密,各国市场的金属价格联动性越来越强,而这种价格必然会涉及各国之间的汇率,反言之,汇率的变化必然会对有色金属期货价格产生一定的影响。我国实行有管理的汇率制度,而美国则实行浮动汇率制度。美元指数作为最具代表性的汇率指标,美元走强,投资者在美国可以获得较高收益,国内资本会加速流出,对价格走势产生相应影响,进而容易传递市场风险。综合而言,汇率会影响到资产价格的变动以及资本的流动,因此,本文将汇率因素纳入研究对象中,考虑其对我国有色金属期货市场的溢出性。

8.2.3　利率因素

利率作为金融市场的核心指标之一,体现了资金借贷市场的价格,在金融调控中起着重要的作用。关于利率对金融市场的研究大多都集中于利率与股票市场、房地产市场之间的关系,探讨利率对于股票价格以及房价是否存在影响。在现有的文献中,有学者认为利率会对金融市场的资产价格产生一定的作用,例如徐忠等(2012)认为房价和实际存款利率之间存在负向关系,认为在真实利率下降的情况下,房地产价格会出现上涨,而且相比较于货币供应,利率的作用更为明显。郭树华等(2012)认为保证金利息是投机性金属期货交易者的主要成本,利率的变动会直接影响其交易量,进而影响价格的变动。方燕等(2019)研究认为股票市场与 Shibor 变化率之间存在显著的双向波动溢出效应,而且 Shibor 变化率对股票市场的波动溢出效应更为明显。但同时,研究文献中有不少学者认为对于利率与资产价格之间的关系并不能够给出确定答案,例如况伟大(2010)研究认为房价是由收入拉动,并非成本决定,因而利率的变动对房地产价格的影响并没有收入来得明显。陈建宝等(2014)研究表明国内股票市场总体上而言,对于利率的浮动以及存款准备金的变化并没有显著的反应,只有当降息时,该市场才会受到其短期作用。胡一博(2016)研究了利率与股市间关系,认为利率对股市的短期冲击效应是显著的,但中长期结构冲击反而不显著。综合来看,研究利率对金融市场的影响结果并不唯一,甚至有时结论会大相径庭。考虑到货币市场基准利率在金融体系当中尤为重要,可以作为金融市场产品定价的参考指标,同时在利率体系中起到了基础性作用,其他利率会随之变动而发生变化,此外学术界中利率对金融市场影响并无定论,所以本文将货币市场基准利率纳入研究对象中,探讨其对金属期货市场是否存在溢出性。

8.2.4　其他金融市场

本节选定的其他金融市场主要为国内股票市场,国外的期货市场如伦敦金属期货市场、纽约金属期货市场。股票市场是最为大众化的投资市场,为参与者提供了中长期投融资的场所。理论上,股票市场能够在一定程度上反映出宏观经济或行业的未来走势与景气程度。投资参与者在接收到股票市场传递出的信息之后,会分析这些信息所反映出的基本经济面,对投资组合进行优化配置,其调整会影响到期货市场的资金投入量。但这是以有效市场假说为前提的,其认为市场参与者都是理性人,能够理性分析所获取的信息,从而做好资产组合配置,这种对信息反应的过程可以完全直观地体现在金融资产价格的变化之中。此外,由于股票和期货交易属于两种类别的投资交易,其一定程度上存在了投资替代关系,而市场也会受到投机因素的影响,当股市出现下跌时,投资者为了能够尽量避免下跌所带来的不良影响,做到及时止损,会将资金转而投资到商品期货市场,从而导致期货价格上涨。基于上述理论分析,本文将股票市场纳入溢出性分析的研究对象之中,分析其是否会对我国有色金属期货市场产生溢出性。

中国近年来的有色金属产销量占据了全球的半壁江山,有色金属期货市场的重要性也随之愈发突显。期货市场作为衍生品交易市场中的一类,在现代金融体系中占据着重要的市场地位。上海期货交易所的交易品种不断丰富,交易量稳步上涨,市场愈发活跃,其在世界有色金属定价上拥有了一定的话语权。随着经济一体化的发展,国内外的有色金属期货市场关系愈发紧密,构成了经济命运共同体。除了上海期货交易所进行有色金属期货交易以外,世界上还有另外两所极具代表性的交易所,分别为伦敦金属交易所与纽约商品交易所。伦敦金属交易所可谓是历史最悠久的有色金属交易所,自 1876 年成立以来一直在金属交易市场上占据着重要的核心位置,是全球工业金属的交易及定价场所。该交易所最早开始交易的金属合约品种为铜,始于 1877 年,之后不断增加新的交易品种,逐渐引入锡、铅、锌、铝、镍等品种,如今参与者可以通过期货、期权等合约买卖 14 种金属及指数产品。由于其交易的权威性,全球范围内的有色金属价格水平都极易受到伦敦金属交易所价格变动的影响。而地处曼哈顿金融中心的纽约商品交易所于 1994 年成立,它将期货交易分为 NYMEX 及 COMEX 两大分部,前者主要从事能源期货交易,后者则主要从事金属期货商品交易,包括金、银、铜、铝等期货,其 COMEX 的金属期货价格可谓是北美市场的基准价。考虑到全球金属期货市场之间的信息传递效率越来越高,其联动性越来越强,而伦敦以及纽约金属期货市场又在全球市场上有着极为重要,难以撼动的地位,所以本节将这两个国外金属期货市场纳入研究之中,测度其对我国市场的溢出性程度。

8.3 | 汇率因素对期货市场的风险溢出性分析

8.3.1 数据选取

本节考虑到美元汇率会影响全球的资本流动,其必然会对期货价格波动产生影响,进而对我国有色金属期货市场产生一定的风险溢出性,所以选取美元指数(简称为 USDX)为外生变量,分析探讨美元指数对我国有色金属期货市场风险的影响。美元指数能够综合反映出美元与其他主要货币之间的兑换比例,可以衡量出美元的走强或走弱的程度,能够在一定程度上体现国际之间的资本流动。因此,本节选取广义美元指数作为汇率因素的代表数据,选取的样本数据时间跨度为 2012 年 1 月 4 日至 2019 年 12 月 9 日,剔除时间不一致的数据,共获得 1912 组数据。其中,后 300 组数据用于样本外的预测与检验。

8.3.2 描述性统计

表 8 - 1　USDX 的描述性统计

名称	均值	标准差	偏度	峰度	JB 统计量	P 值
USDX	0.0001	0.0029	0.0938	6.9651	1255.2950	0.0000

如表 8-1 所示,美元指数序列的偏度为 0.0938,偏度值为正,呈现右偏态,而峰度为 6.9651,与峰度值为 3 的正态分布并不一样,属于尖峰状态。此外,其 J-B 统计量为 1255.2950,P 值为 0,说明该收益率序列拒绝原假设,因而该序列不服从正态分布。

8.3.3 平稳性检验

本节利用 ADF 方法对美元指数 USDX 收益率序列的平稳性进行检验,其具体的检验情况如下所示。

表 8-2 USDX 的 ADF 检验结果表

检验变量	ADF 统计量	5%临界值	概率值	检验结果
USDX	-43.7215	-2.8628	0.0001	平稳

由表 8-2 的检验结果可知美元指数序列的 t 统计值为 -42.7215,原假设的伴随概率为 0.0001,小于显著水平,拒绝原假设,美元指数序列不具有单位根,是平稳序列。

8.3.4 Granger 因果关系检验

基于收益率序列平稳的基础上,本文采用 Granger 因果关系检验判断上期有色金属指数和美元指数之间是否存在 Granger 因果关系,检验结果如表 8-3 所示。

表 8-3 USDX 的 Granger 因果检验结果

原假设	F 统计量	P 值	检验结果
USDX 不是 IMCI 的 Granger 原因	7.7324	3.E-07	拒绝
IMCI 不是 USDX 的 Granger 原因	0.3254	0.8979	接受

表 8-3 中的假设"USDX 不是 IMCI 的 Granger 原因",相伴概率是 3.E-07,说明该项假设被拒绝,即美元指数是上期有色金属指数的 Granger 原因,两者之间存在因果关系。

8.3.5 实证结果分析

为了分析美元指数对我国有色金属期货市场风险的影响,本节主要是在 CAViaR 模型的基础上引入美元指数,构建了 CAViaR-USDX 模型,实证结果如表 8 - 4 所示。

表 8 - 4　CAViaR-USDX 模型结果

模型	SAV-USDX 模型	AS-USDX 模型	IG-USDX 模型
β_1	0.0005**	0.0025	8.27E−06
P 值	0.0344	0.1070	0.1046
β_2	0.9353**	0.7513**	0.9275**
P 值	0.0000	1.03E−08	0.0000
β_3	0.0670**	0.0240	0.1240**
P 值	0.0133	0.4534	0.0403
β_4	0.2459**	0.3125	0.0294
P 值	0.0006	0.1468	0.9069
β_5		0.5162**	
P 值		0.0001	
β_6		−0.1472	
P 值		0.4926	
RQ 值	1.8029	1.7888	1.8270
P_DQ_in	0.9309	0.7401	0.7459
Hit_in	0.0497	0.0497	0.0497

注:＊＊表示系数在5%显著性水平下显著。

SAV-USDX 模型中,系数 β_1 显著,表明市场会受到常数项的正向冲击。VaR_t 的一阶自相关系数 β_2 显著,本期 VaR_t 和上一期 VaR_{t-1} 之间存在非常强的正一阶自相关性,证明我国有色金属期货市场的风险值受到了滞后风险的影响,前期风险对当期风险会产生累积效应。β_3 系数显著说明有色金属期货市场在 SAV-USDX 模型下会受到上期有色金属指数收益率冲击项的影响。β_4 表示美元指数对 VaR 的影响程度,β_4 显著且为正数说明美元指数收益率对该市场风险值存在显著的正向影响,表明美元指数的市场冲击会影响到我国有色金属期货市场风险,且影响方向为正,美元指数上涨,我国有色金属期货市场风险会随之增大。

AS-USDX 模型区分了美元指数正负收益率对风险值的影响。β_2 显著说明我国有色金属期货市场风险会受到了滞后风险的正向影响,滞后一期风险越大,当前风险越大。β_5 系数正向显著说明有色金属期货市场风险会受到美元指数正收益率的正向影响,美元指数上涨,我国有色金属期货市场风险会随之增大。系数 β_6 为负,表明美元指数下跌,风险会降低,但 β_6 不显著说明美元指数下跌所带来的效应没有美元上涨的效应明显。

IG-USDX 模型中,β_2 系数显著说明我国有色金属期货市场会受到滞后风险的正向影响,β_3 系数显著说明上期有色金属指数收益率的波动会对我国有色金属期货市场产生正向显著影响,上期有色金属指数波动越大,市场风险越大。

综合上述结果来看,我国有色金属期货市场风险会受到滞后风险、上期有色金属指数收益率波动、美元指数正收益率的正向影响,此外,美元指数的下降会导致风险降低,但是其效应并没有美元指数上涨所带来的效应明显。究其原因,美元走强,投资者会将投资配置更多地倾向于美国等发达国家,这是因为在这些国家的资本市场上,投资收益会因为美元走强而增加,为了谋取更多投资收益,投资者会降低对新兴市场的投资额,因而我国国际资本流出规模加大,有色金属期货投资规模减小,其市场价格下降,易扩大市场风险。

对比表 8-3 和表 8-4,可以发现加入美元指数的 CAViaR-USDX 模型的 RQ 值明显小于 CAViaR 模型,而从 Hit_in 的值可以看出,CAViaR-USDX 模型样本内损失超过 VaR 预测值发生的概率均小于 CAViaR 模型,证明 CAViaR-USDX 模型拟合效果更优。

8.3.6 风险预测

本节对后 300 组收益率数据进行样本外预测,图 8-1 至图 8-3 中的浅色曲线代表 CAViaR-USDX 模型对后 300 组数据的风险预测值相反数序列($\theta=5\%$),深色曲线代表上期有色金属指数收益率序列,圆圈所标记的为实际收益率超出预测风险值的情况。

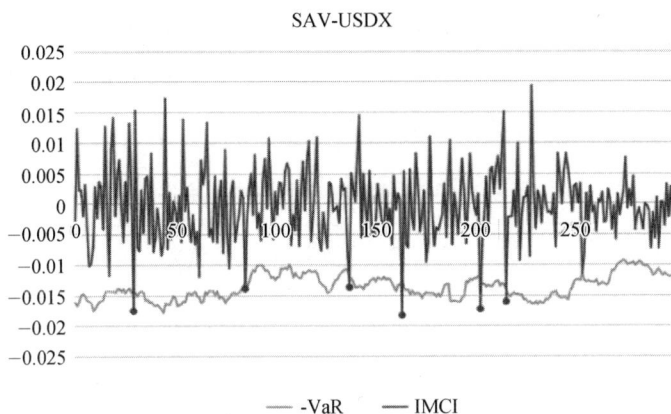

图 8 - 1　SAV-USDX 模型的预测结果

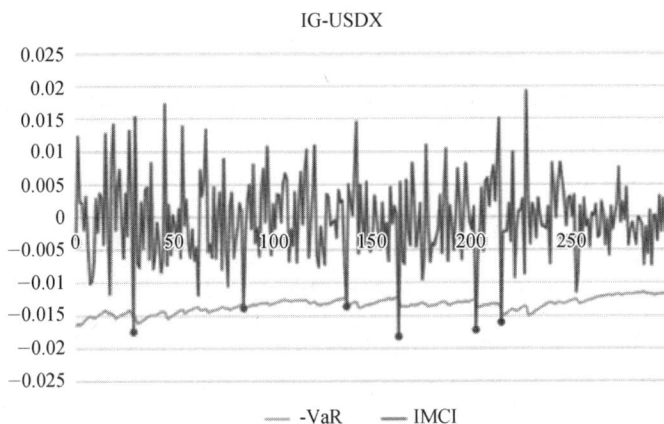

图 8 - 2　AS-USDX 模型的预测结果

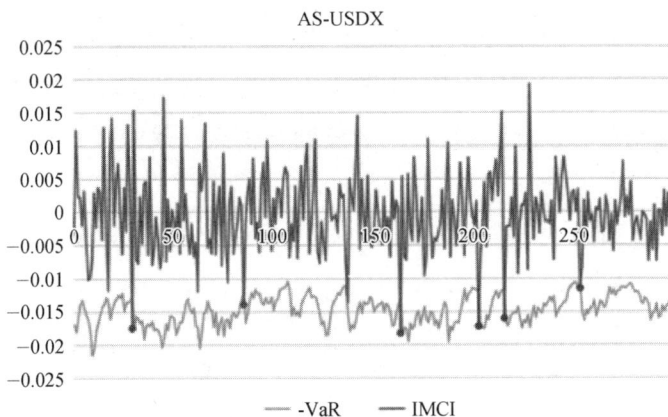

图 8 - 3　IG-USDX 模型的预测结果

从图中可以看出,三种模型的实际值超过预测风险值的情况均为 6 次,超出次数较少,占比仅为 2%,说明 CAViaR-USDX 预测值能够较好地覆盖实际情况。具体检验结果如下表 8-5 所示。

表 8-5　CAViaR-USDX 模型样本外检验结果

模型	SAV-USDX 模型	AS-USDX 模型	IG-USDX 模型
P_DQ_out	0.4253	0.1436	0.4432
Hit_out	0.0200	0.0200	0.0200

从表 8-5 中可以看出,P_DQ_out 均大于 5%,通过检验;Hit_out 均小于 5%,证明样本外实际值超过风险值的比例小于 5%,风险预测成功。

8.4 ｜ 利率因素对期货市场的风险溢出性分析

8.4.1　数据选取

利率作为经济体系中的核心指标之一,体现了资金借贷市场的价格,在金融调控中起着重要的作用。而市场基准利率是各种利率的基础,能够在整个利率体系中起到主导性作用,其维持的水平以及变化状况都会影响到其他各种利率的水平与变化,同时也会关乎金融市场上各类产品的价格水平。作为我国市场基准利率,上海银行间同业拆放利率(Shanghai Interbank Offered Rate,简称 Shibor)于 2007 年正式运行,目前主要是由国内 18 家银行机构对同业拆出利率进行独立报价,依据报价数据计算出算术平均利率。目前,上海银行间同业拆借市场是我国的货币市场中规模最大且相对较为成熟的金融市场,银行间市场利率直接反映了市场的变化。此外,在我国,隔夜拆借交易是同业拆借市场各种期限交易中最为频繁与活跃的。综合上述原因,本文选取 Shibor 隔夜数据,分析其对我国有色金属期货市场风险的影响,样本区间为 2012 年 1 月 4 日至 2019 年 12 月 9 日,剔除时间不一致的数据,共获得 1863 组数据。

8.4.2 描述性统计

表 8-6　Shibor 的描述性统计

名称	均值	标准差	偏度	峰度	JB 统计量	P 值
Shibor	−0.0002	0.0763	0.6363	19.5493	21385.4900	0.0000

如表 8-6 所示,Shibor 隔夜收益率序列的偏度为 0.6363,其值为正,呈现出右偏态,而峰度为 19.5493,明显大于正态分布为 3 的峰值,曲线呈现出尖峰状况。该序列的 J-B 统计量为 1255.2950,P 值为 0,说明 Shibor 隔夜的收益率序列并不是正态分布。

8.4.3 平稳性检验

本节利用 ADF 方法对 Shibor 收益率序列的平稳性进行检验,检验结果如下所示。

表 8-7　Shibor 的 ADF 检验结果表

检验变量	ADF 统计量	5%临界值	概率值	检验结果
Shibor	−26.8318	−2.8629	0.0000	平稳

由表 8-7 的检验结果可知 Shibor 序列的 t 统计值为 −26.8318,原假设的伴随概率为 0,小于显著水平,拒绝原假设,Shibor 序列不具有单位根,是平稳序列。

8.4.4 Granger 因果关系检验

基于收益率序列平稳的基础上,本节采用 Granger 因果关系检验判断上期有色金属指数 IMCI 和 Shibor 之间是否存在 Granger 因果关系,检验结果如表 8-8 所示。

表 8-8　Shibor 的 Granger 因果检验结果

原假设	F 统计量	P 值	检验结果
Shibor 不是 IMCI 的 Granger 原因	1.1903	0.3115	接受
IMCI 不是 Shibor 的 Granger 原因	1.5545	0.1698	接受

表 8-8 中的两种假设的 P 值均大于 5%，说明在该显著性水平上，检验结果是接受原假设，即 IMCI 和 Shibor 序列之间并无 Granger 因果关系。

8.4.5 实证结果分析

为了验证上述 Granger 因果检验的结果，本文在 CAViaR 模型的基础上加入 Shibor，实证结果如表 8-9 所示。

表 8-9 CAViaR-Shibor 模型结果

模型	SAV-Shibor 模型	AS-Shibor 模型	IG-Shibor 模型
β_1	0.0008	0.0049**	2.75E−05
P 值	0.3834	0.0031	0.1929
β_2	0.9140**	0.5457**	0.8288**
P 值	0.0000	0.0000	0.0000
β_3	0.0859	0.1107**	0.1701**
P 值	0.3985	0.0025	0.0320
β_4	0.0034	0.5563**	0.0007**
P 值	0.4394	0.0000	0.0074
β_5		0.0162	
P 值		0.0573	
β_6		0.0029	
P 值		0.5786	
RQ 值	1.7810	1.7484	1.7733
P_DQ_in	0.9774	0.8792	0.6288
Hit_in	0.9774	0.0480	0.0506

注：＊＊表示系数在 5% 显著性水平下显著。

从上述表格当中可以看出，三种模型 β_2 均为正向显著，表明我国有色金属期货市场的风险值受到了滞后风险的影响。在 AS-Shibor 模型中，β_3、β_4 均为正向显著，说明我上期有色金属指数的波动对市场风险影响显著，指数波动越大，市场风险越大。β_4 远大于 β_3 说明上期有色金属指数的正负收益率对风险的冲击程度是不对称的,负收益率冲击项的影响更大。在 IG-Shibor 模型中,β_3 正显著说明市场风险会随着指数的波动而增大,β_4 正显著但系数值较小说明 Shibor 利率对有色金属期货市场存在正向影响,但影响程度很低,这可能是由于 Shibor 偏高反映资金供给不足,金属期货价格可能跟随下跌,市场可能会存在风险增大情况,但其影响可能比较微弱。

综合上述模型结果可以发现,Shibor 利率对我国有色金属期货市场的风险影响不大,在 IG-Shibor 模型下存在微弱的正向风险溢出影响,而在其他两种模型情况下甚至未有影响,与 Granger 因果检验结果总体相符合。究其原因,我国目前的利率并非完全市场化,所以其对有色金属期货市场的影响还有一定的局限性。Shibor 与实体经济联系日趋紧密,逻辑上,Shibor 理应对市场实际情况反映得更好,对于政策的传导渠道理应更为通畅,更有利于各种资产组合配置的调整。但在某种程度上,Shibor 报价机制是从 18 家银行报价利率中,剔除最高和最低的 4 家,其余的有效利率算数平均后得出 Shibor 的定盘利率并在 11 点发布,这种机制似乎还有待完善。回溯过去,以 2018 年 4 月的那轮行情为例,同业存单利率的下行一直早于 Shibor 利率的下行,存单利率大的拐点出现在 2018 年 1—2 月份,而 Shibor 利率大的拐点则出现在同年 3 月底,报价利率较真实成交利率一直存在较大的滞后性,这也体现了我国目前的市场基准利率体系尚不完善,Shibor 等利率对于市场的反应仍然不够充分及时,因而对其他金融市场如有色金属期货市场的影响具有其局限性。

8.5 | 其他金融市场对期货市场的风险溢出性分析

8.5.1 国内股票市场

8.5.1.1 数据选取

上海证券交易所(简称"上交所")于 1990 年年底率先成立,深圳证券交易所(简称"深交所")于次年成立,两家证券交易所的先后成立为我国证券市场的发展奠定了基础。上交所定位是主板市场,主要为大型企业服务,深交所定位是中小板市场,主要为中小企业服务。2018 年底上交所总市值为 26.95 万亿元,深交所总市值为 16.54 万亿元,上交所的市价总值远高于深交所,其影响力也大于深交所。上证综合指数是由在上海交易所上市的全部股票组成,包含 A 股和 B 股,能够从整体上体现出证券市场中上市股票的情况以及价格水平。因此,本文选取上证综合指数(简称上证综指)数据,分析其对我国有色金属期货市场风险的影响,样本区间为 2012 年 1 月 4 日至 2019 年 12 月 9 日,剔除时间不一致的数据,共获得 1925 组数据。

8.5.1.2 描述性统计

表 8 - 10 上证综指的描述性统计

名称	均值	标准差	偏度	峰度	JB 统计量	P 值
上证综指	0.0001	0.0138	−1.0027	9.9268	4171.0480	0.0000

如表 8 - 10 所示,上证综指收益率序列的偏度为 −1.0027、峰度为 9.9268,其概率分布密度曲线呈现出左偏、尖峰的情况。J - B 统计量为 4171.0480,P 值为 0,上证综指收益率序列拒绝原假设,并不属于正态分布。

8.5.1.3 平稳性检验

本文利用 ADF 方法对该序列的平稳性进行检验,检验结果如表 8 - 11 所示。

表 8 - 11 上证综指的 ADF 检验结果表

检验变量	ADF 统计量	5%临界值	概率值	检验结果
上证综指	−42.0162	−2.8628	0.0000	平稳

由表 8 - 11 的检验结果可知,上证综指序列的 t 统计值为 −42.0162,原假设的伴随概率为 0,小于显著水平,拒绝原假设,上证综指序列不具有单位根,是平稳序列。

8.5.1.4 Granger 因果关系检验

基于收益率序列平稳的基础上,本节采用 Granger 因果关系检验判断上期有色金属指数和上证综指之间是否存在 Granger 因果关系,检验结果如表 8－12 所示。

表 8－12　上证综指的 Granger 因果检验结果

原假设	F 统计量	P 值	检验结果
上证综指不是 IMCI 的 Granger 原因	4.2543	0.0143	拒绝
IMCI 不是 上证综指的 Granger 原因	0.0415	0.9593	接受

表 8－12 中的假设"上证综指不是 IMCI 的 Granger 原因",相伴概率是 0.0143,说明在显著性水平上,该结果是拒绝原假设,即上证综指是 IMCI 的 Granger 原因,上证综指与上期有色金属指数之间存在因果关系。

8.5.1.5　实证结果分析

为了验证上述 Granger 因果关系检验的结果,本节在 CAViaR 模型的基础上加入上证综指,实证结果如表 8－13 所示。

表 8－13　CAViaR－上证综指模型结果

模型	SAV－上证综指模型	AS－上证综指模型	IG－上证综指模型
β_1	0.0008	0.0030	8.58E－06
P 值	0.3470	0.2818	0.2018
β_2	0.9118**	0.7145**	0.9272**
P 值	0.0000	0.0021	0.0000
β_3	0.0960	0.0830	0.1050
P 值	0.3868	0.1413	0.3129
β_4	－0.0120	0.4510	0.0047
P 值	0.5251	0.1441	0.4625
β_5		0.0020	
P 值		0.9770	
β_6		0.0010	
P 值		0.9911	
RQ 值	1.8417	1.8249	1.8346

模型	SAV-上证综指模型	AS-上证综指模型	IG-上证综指模型
P_DQ_in	0.9467	0.8642	0.7286
Hit_in	0.0493	0.0505	0.0493

注：＊＊表示系数在5%显著性水平下显著。

从上述表格当中可以看出，β_2 显著，本期 VaR_t 和上一期 VaR_{t-1} 之间存在非常强的正一阶自相关性，证明我国有色金属期货市场的风险值受到了滞后风险的影响。而上证综指风险影响系数值偏小且不显著，说明在此模型下，上证综指对我国有色金属期货市场的风险不存在显著的影响。理论上，股票收益率的变动反映了经济或者某些行业的基本面，进而引发投资者对于其发展的理性预期，这种预期促使投资者进行思考，从而决定是否会通过在期货市场上，购进这些大宗商品的期货以获取未来收益。当一个产业未来前景会被大家看好，该产业所对应的在股票市场的板块价格会随之上升，市场投资者掌握到这一信息后会进行预期，认为该产业极其有可能在未来增加其所需要购买的大宗商品原材料数量，这种强劲的需求量会在未来推动该类大宗商品价格上涨，因此投资者会转战到期货市场上持有这些商品的多头，以便于谋取利益。但实际上，我国的股票市场仍处于发展阶段，存在市场结构与交易主体不均等问题。从我国股票市场结构来看，上市企业并不均衡，中大型国有企业相对而言较多，因而容易影响股票市场的变动情况。而且股票市场的投资主体多为中小投机者，投资专业技能有所欠缺，对于股票市场的信息获得与信息处理能力有限，其预期并不能做到理性准确，容易跟风投资，因而这种预期并不能通过上述渠道有效地传导到商品期货市场，所以对有色金属期货市场的影响并不显著。

8.5.2　伦敦金属期货市场

8.5.2.1　数据选取

英国伦敦金属交易所（简称为 LME）可谓是世界上历史最悠久，最具影响力的有色金属交易所，自 1876 年成立以来一直在金属交易市场上占据着重要的核心位置。由于其交易的权威性，全球范围内的有色金属价格水平都极易受到伦敦金属交易所价格变动的影响。理论上来看伦敦金属期货市场会对我国金属期货市场产生一定的溢出性。因此,本文选取 LME 基本金属指数收益率数据,样本数据时间跨度为 2012 年 1 月 4 日至 2019 年 12 月 9 日,共 1830 组数据,分析伦敦金属期货市场对我国的影响。

8.5.2.2 描述性统计

表 8 - 14　LME 描述性统计

名称	均值	标准差	偏度	峰度	JB 统计量	P 值
LME	−0.0001	0.0107	0.2260	7.0676	1276.4770	0.0000

如表 8 - 14 所示,LME 基本金属指数的偏度为 0.2260,呈现出右偏态,峰度为 7.0676,呈现出尖峰状态。该序列的 J - B 统计量为 1276.4770,P 值为 0,说明该序列拒绝原假设,不属于正态分布。

8.5.2.3 平稳性检验

本文利用 ADF 方法对序列的平稳性进行检验,检验情况如下表所示。

表 8 - 15　LME 的 ADF 检验结果表

检验变量	ADF 统计量	5%临界值	概率值	检验结果
LME	−18.0064	−2.8629	0.0000	平稳

由表 8 - 15 可知 LME 基本金属指数序列的 t 统计值是 −18.0064,原假设的伴随概率为 0,小于显著水平,结果为拒绝原假设,说明该序列不具有单位根,是平稳序列。

8.5.2.4 Granger 因果关系检验

基于收益率序列平稳的基础上,采用 Granger 因果关系检验判断上期有色金属指数和 LME 基本金属指数之间是否存在 Granger 因果关系,检验结果如表 8 - 16 所示。

表 8 - 16　LME 的 Granger 因果检验结果

原假设	F 统计量	P 值	检验结果
LME 不是 IMCI 的 Granger 原因	299.4370	4.E−113	拒绝
IMCI 不是 LME 的 Granger 原因	1.2227	0.2947	接受

表 8-16 中的假设"LME 不是 IMCI 的 Granger 原因",相伴概率是 4. E—113,说明在 5% 显著性水平上拒绝原假设,即 LME 是 IMCI 的 Granger 原因,LME 基本金属指数与上期有色金属指数之间存在因果关系。

8.5.2.5 实证结果分析

为了分析伦敦期货市场对我国有色金属期货市场的影响,本文在 CAViaR 模型的基础上加入 LME 基本金属指数,构建了 CAViaR-LME 模型,实证结果如表 8-17 所示。

表 8-17　CAViaR-LME 模型结果

模型	SAV-LME 模型	AS-LME 模型	IG-LME 模型
β_1	0.0083**	0.0049**	0.0002**
P 值	0.0000	0.0000	0.0000
β_2	0.2285**	0.4056**	-0.0526**
P 值	0.0034	0.0000	0.0000
β_3	0.4164**	0.4443**	0.1203
P 值	0.0000	0.0006	0.2844
β_4	-0.5580**	-0.1964**	1.0043**
P 值	0.0000	0.0001	0.0000
β_5		-0.3378**	
P 值		0.0019	
β_6		0.9701**	
P 值		0.0000	
RQ 值	1.4908	1.4262	1.6485
P_DQ_in	0.8446	0.7946	0.9671
Hit_in	0.0497	0.0504	0.0504

注:＊＊表示系数在 5% 显著性水平下显著。

在 CAViaR-LME 的三种模型中,β_1 均为正向显著,说明我国有色金属期货市场的风险值会受到常数项的正向冲击。

在 SAV-LME 模型中，β_3 系数显著且为正数表明有色金属期货市场会受到上期有色金属指数收益率冲击项的正向影响。β_4 显著且为负数说明 LME 基本金属指数对我国市场风险值存在显著的负向影响，表明 LME 基本金属指数上涨，我国有色金属期货市场风险会随之减小。

在 AS-LME 模型中，我国有色金属期货市场风险会受到上期有色金属指数正收益率和负收益率两方面冲击的影响。此外，β_5 系数负向显著说明我国有色金属期货市场会受到 LME 基本金属指数正收益率的负向影响，风险会变小，即 LME 基本金属指数上涨，我国有色金属期货市场风险减小。系数 β_6 为正向显著，表明我国市场会受到 LME 基本金属指数负收益率的正向影响，风险会增大，即 LME 基本金属指数下跌，我国有色金属期货市场风险会增大。比较 β_5 与 β_6 的值可以发现，β_6 的绝对值要大于 β_5 的绝对值，说明 LME 基本金属指数下跌的溢出效应的强度要高于上涨所带来的效应，更易扩大风险。

在 IG-LME 模型中，β_4 正向显著说明我国有色金属期货市场会受到 LME 基本金属指数波动的正向影响，即 LME 基本金属指数的波动增加，风险溢出效应会使国内有色金属期货市场风险增大。

对比原模型的结果表 8－3 和表 8－17 的 RQ 值，可以发现 CAViaR-LME 模型拟合效果更优。综合来看，由于伦敦期货市场对有色金属期货拥有一定的定价权，LME 基本金属指数价格会影响国内金属期货价格，进而影响市场风险。LME 基本金属指数上涨，我国有色金属期货价格随之上涨，其市场风险减小；LME 基本金属指数下降，国内价格随之下跌，国内市场风险则增大。此外，LME 基本金属指数下跌的溢出效应的强度要高于上涨所带来的效应，更易扩大风险。

8.5.2.6 风险预测

本文对后 300 组收益率数据进行样本外预测，图 8－4 至图 8－6 中的浅色曲线代表 CAViaR-LME 模型对后 300 组数据的风险预测值相反数序列（$\theta=5\%$），深色曲线代表上期有色金属指数收益率序列，圆圈标记为实际值超过风险预测值的情况。

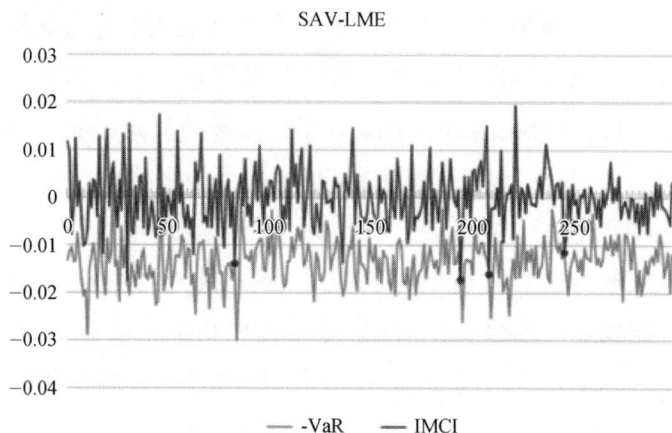

图 8‒4　SAV-LME 模型的预测结果

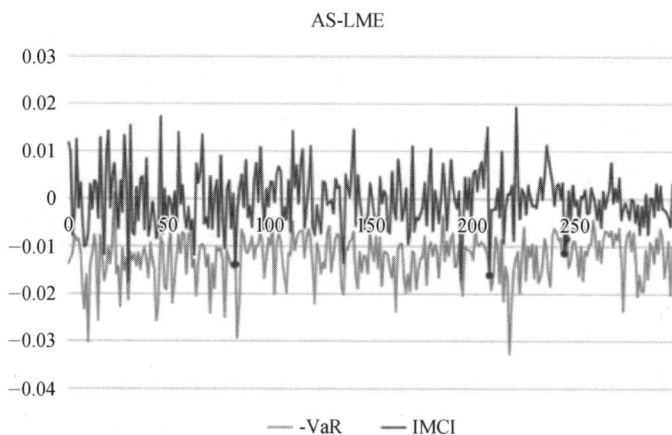

图 8‒5　AS-LME 模型的预测结果

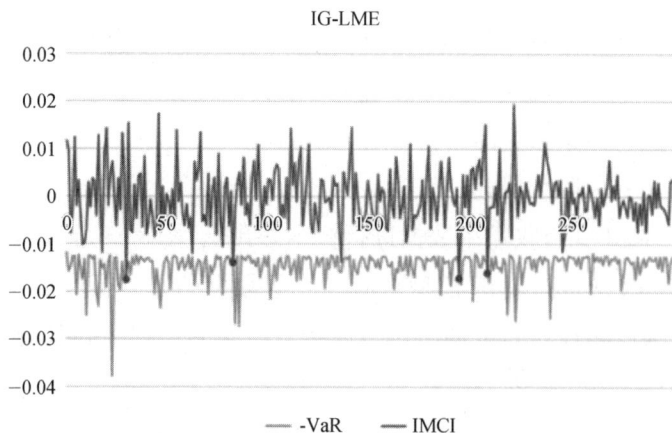

图 8‒6　IG-LME 模型的预测结果

从图 8-4 中可以看出，在 SAV-LME 模型下，实际收益率超过预测风险值的情况为 5 次，从图 8-5 与图 8-6 中可以看出，在 AS-LME 与 IG-LME 模型下，实际值超出预测风险值的情况均为 4 次。总体来看，CAViaR-LME 预测的风险价值能够较好地覆盖实际情况。具体样本外的 DQ 检验结果如下表 8-18 所示：

表 8-18 CAViaR-LME 模型样本外检验结果

模型	SAV-LME 模型	AS-LME 模型	IG-LME 模型
P_DQ_out	0.3211	0.0321	0.2125
Hit_out	0.0167	0.0133	0.0133

如表 8-18 所示，三种模型下，P_DQ_out 的值均大于显著性水平 5%，证明这三种模型均通过了样本外 DQ 检验；而 Hit_out 的值均小于 5%，说明该类模型下样本外的失效率均小于显著性水平，风险预测成功，该模型能够较好地刻画、预测市场风险。

8.5.3 纽约金属期货市场

8.5.3.1 数据选取

国际期货市场经历了商品期货到金融期货的发展历程，交易品种不断丰富，交易规模不断扩大。商品期货的历史最为悠久，而且种类较为丰富。其中，铜期货是金属期货市场上最为重要的期货种类。除了伦敦市场以外，国际上进行期铜品种交易的交易所主要有纽约商品交易所。由于美国纽约商品交易所无基本金属指数，所以本节以纽约商品交易所具有代表性的期铜品种和上海期货交易所的期铜品种为研究对象，选取 2011 年 9 月 6 日至 2019 年 12 月 6 日期间的纽约商品交易所期货铜（简称 COMEX 铜）以及上海期货交易所的期货铜（简称 SHFE 铜）收益率数据，共 1897 组数据，分析纽约金属期货市场对我国的影响。

8.5.3.2 描述性统计

表 8-19　SHFE 铜与 COMEX 铜的描述性统计

名称	均值	标准差	偏度	峰度	JB 统计量	P 值
SHFE 铜	−0.0002	0.0117	−0.0711	7.7707	1800.5790	0.0000
COMEX 铜	−0.0002	0.0133	−0.0028	5.8845	657.6371	0.0000

如表 8-19 所示，SHFE 铜序列的偏度为−0.0711、峰度为 7.0676，COMEX 铜序列的偏度为−0.0028、峰度为 5.8845，两者均呈现左偏、尖峰的情况。SHFE 铜的 J-B 统计量为 1800.5790，P 值为 0，COMEX 铜的 J-B 统计量为 657.6371，P 值为 0，两者的收益率序列均不属于正态分布。

8.5.3.3 平稳性检验

本节采用 ADF 方法对 SHFE 铜与 COMEX 铜收益率序列的平稳性进行检验，检验结果如表 8-20 所示。

表 8-20　SHFE 铜与 COMEX 铜的 ADF 检验结果表

检验变量	ADF 统计量	5%临界值	概率值	检验结果
SHFE 铜	−44.7337	−2.8629	0.0001	平稳
COMEX 铜	−45.8519	−2.8629	0.0001	平稳

由表 8-20 的检验结果可知 SHFE 铜与 COMEX 铜收益率序列均不具有单位根，两个序列均为平稳序列。

8.5.3.4 Granger 因果关系检验

基于收益率序列平稳的基础上，本节采用 Granger 因果关系检验判断 SHFE 铜与 COMEX 铜之间是否存在 Granger 因果关系，检验结果如表 8-21 所示。

表 8-21　SHFE 铜与 COMEX 铜的 Granger 因果检验结果

原假设	F 统计量	P 值	检验结果
COMEX 铜不是 SHFE 铜的 Granger 原因	522.3270	3E−181	拒绝
SHFE 铜不是 COMEX 铜的 Granger 原因	0.1548	0.8566	接受

如表 8-21 所示,假设"COMEX 铜不是 SHFE 铜的 Granger 原因",相伴概率是 3E-181,说明该结果拒绝原假设,即 COMEX 铜是 SHFE 铜的 Granger 原因,两者之间存在因果关系。

8.5.3.5 实证结果分析

本节在 CAViaR 模型的基础上加入 COMEX 铜,构建了 CAViaR-COMEX 模型,分析纽约期货铜交易市场对 SHFE 铜交易市场风险的影响,实证结果如表 8-22 所示。

表 8-22 CAViaR-COMEX 模型结果

模型	SAV-COMEX 模型	AS-COMEX 模型	IG-COMEX 模型
β_1	0.0081**	0.0016**	0.0001**
P 值	0.0000	0.0047	0.0004
β_2	0.3334**	0.6900**	0.3110**
P 值	0.0008	0.0000	0.0001
β_3	0.3503**	0.8114**	0.1345
P 值	0.0014	0.0000	0.1131
β_4	−0.5271**	−0.6245**	1.1904**
P 值	0.0000	0.0000	0.0000
β_5		−0.6029**	
P 值		0.0000	
β_6		1.0463**	
P 值		0.0000	
RQ 值	1.8701	1.6262	2.0243
P_DQ_in	0.6099	0.9701	0.6785
Hit_in	0.0508	0.0508	0.0495

注:**表示系数在 5%显著性水平下显著。

在 CAViaR-COMEX 的三种模型中,β_1 和 β_2 均为正向显著,证明我国期铜市场的风险值会受到常数项的正向冲击,同时也会受到滞后风险的正向影响,前期风险会对当前风险产生累积效应。

在 SAV-COMEX 模型中,β_3 系数显著说明期铜市场会受到 SHFE 铜收益率冲击项的正向影响。β_4 显著且为负数说明 COMEX 铜对我国市场风险值存在显著的负向影响,表明 COMX 铜价格上涨,我国期铜市场风险会随之减小。

在 AS-COMEX 模型中,我国期铜市场风险会受到 SHFE 铜正收益率和负收益率两方面冲击的影响。此外,β_5 系数负向显著说明我国期铜市场会受到 COMEX 铜正收益率的负向影响,即 COMEX 铜价格上涨,我国期铜市场风险减小。系数 β_6 为正向显著,表明我国期铜市场会受到 COMEX 铜负收益率的正向影响,即 COMEX 铜价格下跌,国内期铜市场风险会增大。对比 β_5 与 β_6 的系数值可以发现,COMEX 铜的正负收益率对我国期铜市场风险的冲击程度是不对称的,其负收益率冲击项的影响会更大。

在 IG-USDX 模型中,β_4 正向显著说明我国期铜市场会受到 COMEX 铜波动的正向影响,即 COMX 铜价格波动增加,风险溢出效应会使国内期铜市场风险增大。

综合上述结果来看,纽约商品交易所期货铜市场对上海期货交易所的期货铜市场有溢出效应,COMEX 铜价格上涨,我国期铜市场风险会随之减小;COMEX 铜价格下跌,国内期铜市场风险会随之增大。COMEX 铜的正负收益率对风险的冲击程度是不对称的,其负收益率冲击项的影响会更大。

8.5.3.6 风险预测

本节对后 300 组收益率数据进行样本外预测,图 8-7 至图 8-9 的三幅图中,浅色曲线代表 CAViaR-COMEX 模型对后 300 组数据的风险预测值相反数序列($\theta = 5\%$),深色曲线代表 SHFE 铜收益率序列,圆圈标记为实际收益率超出风险预测值的情况。

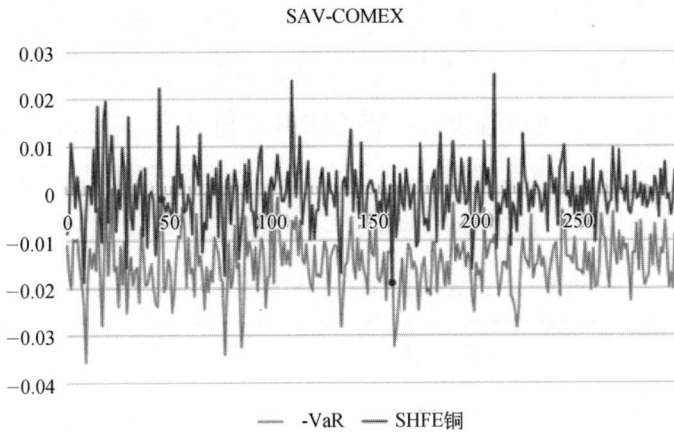

图 8－7 SAV-COMEX 模型的预测结果

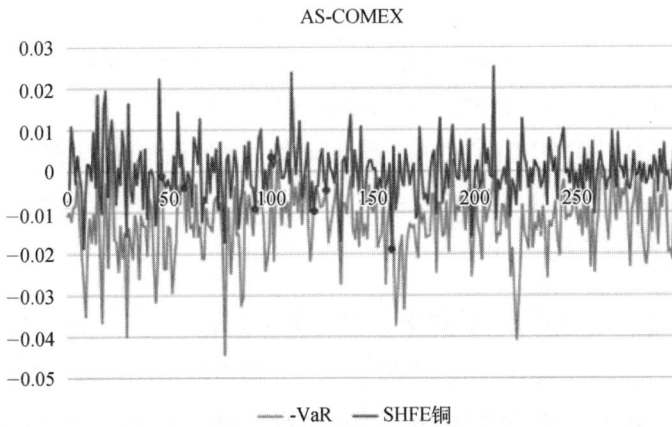

图 8－8 AS-COMEX 模型的预测结果

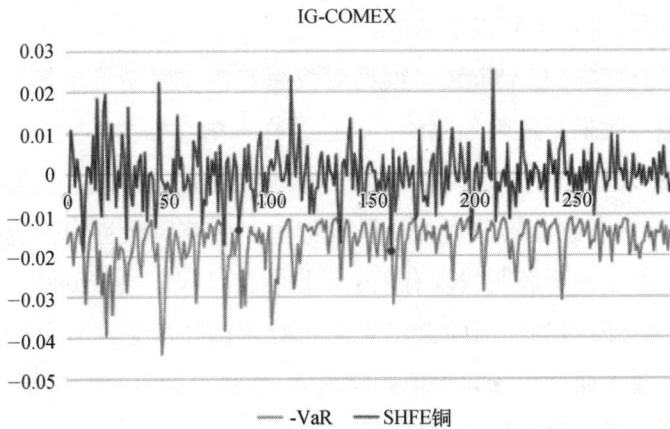

图 8－9 IG-COMEX 模型的预测结果

从图 8-7 与图 8-9 中可以看出,在 SAV-COMEX 和 IG-COMEX 模型下,实际值超出预测风险值的情况均仅为 2 次,超出情况次数较少,仅占 0.67%。从图 4-8 可以看出,在 AS-COMEX 模型下,实际值超过预测风险值的次数为 7 次,仅占 2.33%。综合来看,CAViaR-COMEX 预测值能够较好地覆盖实际情况。样本外的具体检验结果如表 8-23 所示:

表 8-23 CAViaR-COMEX 模型样本外检验结果

模型	SAV-COMEX 模型	AS-COMEX 模型	IG-COMEX 模型
P_DQ_out	0.0521	0.1049	0.0655
Hit_out	0.0067	0.0233	0.0067

从表 8-23 中可以看出,P_DQ_out 值均大于 5%,说明三种模型均通过检验;而 Hit_out 值均小于 5%,说明样本外检验的失效率均小于显著性水平,CAViaR-COMEX 的三种模型对风险预测的结果均为成功。

8.6 │ 本章小结

本章将研究视角聚焦于我国有色金属期货市场,以上期有色金属指数为例,采用 CAViaR 模型测度了我国有色金属期货市场风险,并对模型加以改进,使用 CAViaR-V 模型研究了美元指数、Shibor 利率、国内股票市场、伦敦金属期货市场、纽约期货市场对我国有色金属期货市场风险的影响。通过实证分析,本章得到以下结论:

第一,新构建的 CAViaR-V 模型对我国有色金属期货市场风险具有较为优异的拟合效果与风险预测能力。通过样本内与样本外数据的检验结果与风险预测,发现 CAViaR-V 模型能较好地刻画我国有色金属期货市场风险,为度量国内有色金属期货市场风险价值和研究风险溢出性提供了新的理论模型。实证分析表明我国有色金属期货市场风险会受到滞后风险的正向冲击,前期风险对当期风险会产生累积效应;同时,上期有色金属指数的波动对有色金属期货市场风险值影响显著,而且上期有色金属指数的正、负收益率对该市场风险的冲击程度是不对称的。

　　第二,美元指数对我国有色金属期货市场具有显著的溢出效应。我国有色金属期货市场风险会受到美元指数正收益率的正向影响,美元指数上涨,我国有色金属期货市场风险会随之增大。同时,美元指数的下降会导致风险降低,但是其效应并没有美元指数上涨所带来的效应明显。究其原因,美元走强,投资者会将投资配置更多地倾向于美国等发达国家,这是因为在这些国家的资本市场上,投资收益会因为美元走强而增加。为了谋取更多投资收益,投资者会降低对新兴市场的投资额,因而我国国际资本流出压力加大,国内有色金属期货投资规模减小,其市场价格下降,市场风险易随之扩大。实证分析的结果证实了汇率变化对期货市场产生风险溢出效应的假设。

　　第三,Shibor 对我国有色金属期货市场的风险影响不大甚至未有影响,有时存在微弱的正向风险溢出影响。这可能是由于 Shibor 偏高,反应资金供给不足,金属期货可能跟随下跌,金属期货市场可能会存在风险增大情况,但其影响可能比较微弱。究其原因,我国目前的利率并非完全市场化,对有色金属期货市场的影响还有一定的局限性。Shibor 报价利率较真实成交利率存在着较大的滞后性,体现出 Shibor 利率对市场的反应不够充分及时,其报价机制有待改进,这说明国内当前的基础利率体系还有待进一步完善。

　　第四,其他金融市场对于我国有色金属期货市场的影响情况具体如下:(1) 我国股票市场对我国有色金属期货市场的影响并不明显。究其原因,国内股票市场与发达国家相比仍属于新兴市场,其投资主体多为中小投机者,投资专业技能有所欠缺,市场信息获得与处理能力有限,难以通过股价变动所反映的经济、行业基本前景而做出理性、准确的预期,因而这种预期并不能有效传导到商品期货市场。(2) 伦敦金属期货市场对国内市场的风险存在显著的溢出性。LME 基本金属指数上涨,国内市场风险减小,LME 基本金属指数下跌,国内市场风险则增大。此外,LME基本金属指数下跌的溢出效应的程度要强于指数上涨所带来的效应。由于伦敦期货市场对有色金属期货拥有一定的定价权,LME 基本金属指数价格会影响国内金属期货价格,LME 基本金属指数下降,会导致国内有色金属期货价格随之下跌,其市场风险增大。(3)纽约期货铜交易市场对我国期铜市场存在着显著的影响。纽约期货交易市场是目前国际上进行铜品种交易的著名期货交易所之一,我国期铜市场会受到COMEX铜正收益率的负向影响,负收益率的正向影响,即COMEX铜价格上涨,我国期铜市场风险减小,COMEX铜价格下跌,我国期铜市场风险会增大。此外,COMEX铜的正负收益率对风险的冲击程度是不对称的,其负收益率冲击项的影响会更大。

基于上述结论,本文提出以下四点建议:

第一,由于有色金属期货市场的前期风险对当期风险会产生累积效应,所以本章选取的风险测度模型更加科学有效,更符合我国该市场特征,可以考虑采用该模型来提高风险管理水平。此外,上期有色金属指数的波动对市场风险影响显著,因此监管者需要格外关注上期有色金属指数价格的波动,避免市场风险的集聚扩大。

第二,鉴于美元指数对我国有色金属期货市场风险会产生显著影响,金融监管者需要密切关注美元指数的变化,分析其变动趋势,以便做出监管的及时调整。监管者可以建立与美元指数相关联的风险预警系统,完善该类风险预警指标,与时俱进,及时更新、优化调整风险预警体系。在原有基础上设计风险动态监控应用系统,将其联结在已有的交易和结算系统上运行,实时监测有色金属期货市场风险,判定市场运作正常与否,对期货市场风险变动的前景进行超前预测,并就险情预先向风险管理者发出警报,协助风险管理者做好风险预防工作。

第三,虽然本文中所研究的利率因素对有色金属期货市场影响不显著,但同样不能轻易忽略这类因素的波动,毕竟利率的波动同样会引起国际资本的流动,进而对各类金融资产价格的涨跌产生一定影响,容易进一步扩大市场风险。对于国内当前的基利率体系而言,需要稳妥推进利率市场化改革,进一步完善基础利率报价机制,减少其滞后性。

第四,我国有色金属期货市场受到伦敦期货市场和纽约期货市场的风险溢出效应,证明全球有色金属期货市场具有高度的相关性与风险溢出性,构成了全球产业命运共同体,市场联动明显。我国一直在不断融入有色金属国际大舞台中,但其议价能力不足、有色金属工业发展不平衡、不充分等问题仍然比较突出。我国有色金属工业的根本任务,就是要深化供给侧结构性改革,做精做细现有期货品种,努力提高发展质量和效益。我国要合理利用国内外市场的联动性,不断加强国际合作,扩大市场参与主体,发展之路才会越走越宽广,共同促进有色金属产业的兴旺繁荣。

第九章 深度学习理论

计算机技术的迅速发展,数据信息的多样性以及数据分析技术的应用,给具有大数据特征的金融风险管理分析带来了机遇和挑战,人工智能开始逐步应用于金融风险管理领域,引导着行业的变革。而在演进的过程中,深度学习是解决人工智能应用能够发展的关键。金融市场是一个嘈杂的、具有非参数特点的动态系统,对金融数据进行分析与预测是一项极具挑战性的工作。然而,传统的计量方程模型或者是带有参数的模型已经不具备对复杂、高维度、带有噪音的金融市场数据进行分析建模的能力,而传统的人工神经网络方法也无法准确分析建模如此复杂的资产价格波动,同时传统的机器学习方法又十分依赖建模者的主观设计,很容易导致模型风险。这些方法在应用过程中存在着过拟合、收敛慢等问题,而深度学习方法为金融数据分析提供了一个新的思路。

9.1 │ 相关文献概述

随着人工智能技术与各个领域的深度融合,机器学习和深度学习的研究方法为提高金融资产预测能力打开了新的思路。信息技术快速发展的过程中,爆发式增长的金融数据是进行全球金融监管的重要资源。收集金融数据,结合人工智能、统计分析、数据挖掘等手段及算法判断和识别金融变量的变化趋势是当今量化投资金融风险的研究热点之一。

作为人工智能的代表技术,机器学习挖掘变量之间非线性关系的能力可以有效提高金融预测的表现。达尔等(Dhar et al. ,2010)利用经典多层感知器(Multi-Layer Perceptron,MLP)模型预测印度证券交易所股指收盘价。迪尼等(Dunis et al. ,2015)对乙醇的压榨价差套利策略采用多层感知机神经网络(MLP)、高阶神经网络(HONN)和遗传规划(GPA)算法进行了对比研究。顾(Gu,2018)将机器学习算法应用到美国市场上,实验表明机器学习比传统线性回归模型更加有效。李斌等(2019)通过对机器学习的系统性运用,发现机器学习算法能有效识别异象因子,从而提升基本面量化投资中的股票收益预测效果。

为了能够提取大量数据中的隐藏信息,深度学习作为机器学习领域中一个新的研究方向开始广泛应用于量化投资预测。迪珀西奥和贡恰(Di Persio, Honchar, 2016)使用 MLP、CNN 和 LSTM 神经网络对 S&P500 第二天收盘价涨跌进行预测,发现基于 CNN 的预测误差最小。韦、淳、余雷(Wei, Jun, Yulei, 2017)将小波变换与 LSTM 模型结合,首次基于股票的深层次特征对股价进行消除噪声的分解,得出良好的预测效果。文宇(2018)通过构建 CNN-LSTM 网络对金融二级市场价格进行分析,发现无论在短期预测中还是在长期预测中都取得了显著的预测效果。邓凤欣(2018)以友邦保险、长和、微软以及亚马逊为研究对象,使用 LSTM 神经网络模型对美国与中国香港市场进行预测,结果证实 LSTM 模型在个股的价格趋势预测中的精确程度和稳定程度都很高。宋刚、张云峰、包芳勋和秦超(2019)使用基于自适应粒子群优化(PSO)的学习策略对 LSTM 模型的关键参数进行寻优,使股票数据特征与网络拓扑结构相匹配,不仅提高了股价预测精度还具有普适性。

机器学习及深度学习已经被验证适合运用在时间序列的研究中。有色金属期货市场是一个复杂的非线性动力市场,利用非线性模型对其进行深度数据挖掘,能够从复杂的数据中抽象出来隐藏信息,故而本章研究采用深度学习中最有效的模型之一的长短期记忆网络模型、机器学习 MLP 模型与线性 ARIMA 模型对比,进行有色金属期货价格预测研究,以探究深度学习模型在有色金属期货市场的适用性。

9.2 | 模型介绍

9.2.1 MLP 模型

多层感知机(Multilayer Perceptron, MLP)由输入层、输出层和隐含层

构成,隐含层可以解决非线性可划分的数据问题,最简单的 MLP 模型只含有一个隐含层,即共是三层,如下图所示:

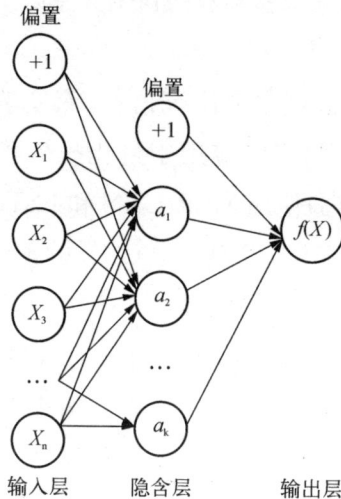

图9-1　含有一个隐含层的 MLP 模型

由上图可知,MLP 每层节点与网络的下一层节点之间是完全连接的,假设数据从输入层输入,其他层的节点通过将输入数据与层上节点的权重 W 以及阈值 b 组合,并通过激活函数得到该层相应的输出。MLP 学习原理就是通过最速下降法,利用反向传播调整网络的权重和阈值,使网络误差达到最小。三层 MLP 公式为:

$$f(x) = f^{(2)}(b^{(2)} + W^{(2)}(f^{(1)}(b^{(1)} + W^{(1)}X)))\qquad(9-1)$$

其中,函数 f 可以是 sigmod 函数或者 tanh 函数,$W^{(1)}$ 是输入层到第一个隐含层的权重,$W^{(2)}$ 是隐含层到输出层的权重,$b^{(1)}$ 是隐含层的激活阈值,$b^{(2)}$ 是输出层的激活阈值。

9.2.2　RNN 模型

循环神经网络模型(Recurrent Neural Network,RNN)是带有记忆功能的深度学习模型,图 2 是 RNN 循环神经网络按时间序列展开的模型。其中,主体结构 A 将在 t 时刻读取输入层的信息 X_t,与上一时刻状态 h_{t-1} 同时输入模型,从而得到新的自身状态 h_t,并输出 σ_t。在 $t+1$ 时刻,又将 h_t 与

X_{t+1} 输入神经网络 A,进而得到下一时刻的输出,如此往复构成一个循环。故而,RNN 模型具有一种重复神经网络模块的链式的形式,使得任意时刻的输出都受到之前数据的影响,能够做到记忆历史信息并实现当前输出计算,如图 9-2 所示。

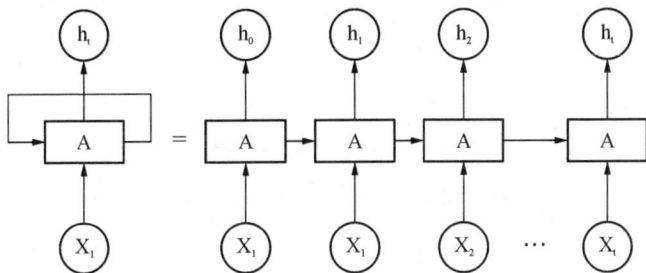

图 9-2 RNN 按时间序列展开结构

在依靠短期记忆来预测结果的情况下,RNN 模型具有良好的预测效果,然而,当权重大于 1,反向传播误差时,误差将会一直放大,引起梯度爆炸;当权重小于 1 时,误差将会一直缩小,引起梯度消失,进而导致网络权重更新缓慢,参数难以训练达到最优值,使得 RNN 网络无法有效处理长期时序依赖关系,出现如同人脑一样,不能永久记忆,过快遗忘的问题。

9.2.3 LSTM 模型

长短期记忆神经网络(Long-Short Term Memory,LSTM)是一种特殊的 RNN 模型,由于能够更好地发现长期依赖关系而被广泛应用于解决各种复杂问题。具体来说,LSTM 包含三个门,遗忘门(Forget gate)、更新门(Update gate)和输出门(Output gate)。"门"是一种能够对信息的通过进行选择性控制的结构,通过 sigmod 函数和点乘操作实现。sigmod 取值介于 0~1 之间,点乘决定了传送的信息量,0 表示舍弃信息,1 表示完全传输。LSTM 利用内部记忆单元即细胞的状态保存历史信息,并利用不同的"门"动态地让网络学习适时依据新信息更新细胞状态,进而解决了 RNN 中梯度消失与梯度爆炸的问题。

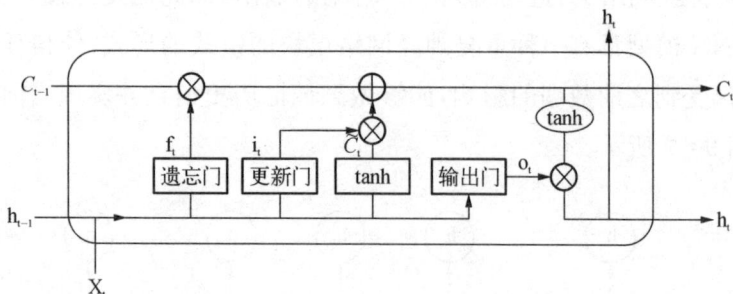

图9-3 LSTM单元内部结构

如 LSTM 单元内部结构图所示,上一时刻的输出 h_{t-1} 与这一时刻的输入 x_t 通过 LSTM 结构的遗忘门控制从当前状态中移除哪些信息,更新门控制哪些信息传递到当前状态中,输出门控制当前状态中的那些信息用作输出,三个"门"共同作用、处理信息,完成时间序列的预测 h_t。

9.2.3.1 遗忘门

通过遗忘门的 sigmod 函数决定从细胞状态中丢弃哪些信息,公式如下:

$$f_t = \sigma(W_f \cdot [h_{t-1}, x_t] + b_f) \tag{9-2}$$

其中,h_{t-1} 是 $(t-1)$ 时刻的输出,x_t 是 t 时刻本层的输入,W_f 是各个变量的权重,b_f 是偏置项,激活函数 σ 是 sigmod 函数,形式为 $\sigma(x) = (1 + e^{-x})^{-1}$,$f_t$ 介于 0~1 之间,表示输出给每个在细胞状态 C_{t-1} 中的值,1 表示完全保留,0 表示完全舍弃。

9.2.3.2 更新门

更新细胞状态中的存储信息,决定给细胞状态添加哪些新的信息,分为两个步骤:首先,利用 h_{t-1} 和 x_t 通过输入门 sigmod 函数来决定更新哪些信息,然后,根据 tanh 函数创建一个新的候选向量 $\tilde{C}_t$,添加到细胞状态中,公式如下:

$$i_t = \sigma(W_i \cdot [h_{t-1}, x_t] + b_i) \tag{9-3}$$

$$\tilde{C}_t = \tanh(W_c \cdot [h_{t-1}, x_t] + b_c) \tag{9-4}$$

将旧状态 C_{t-1} 与遗忘门向量 f_t 相乘,遗忘部分旧信息,再加上新的候选值 $i_t * \tilde{C}_t$,更新当期的细胞状态。公式如下:

$$C_t = f_t * C_{t-1} + i * \tilde{C}_t \tag{9-5}$$

其中,i_t 介于 0~1 之间,tanh 即为双曲正切激励函数,输出(−1,1)之间的数值,C_{t-1} 表示(t−1)时的细胞状态值,C_{t-1} 表示从 t 时刻输入信息中提取出要记录的信息,C_t 表示更新后的细胞状态值。

9.2.3.3 输出门

输出门用来决定输出的消息。通过 sigmod 函数确定细胞状态的输出信息量,接着将细胞状态 C_t 经过 tanh 函数的处理得到一个(−1,1)之间值的向量,该向量与 sigmod 的输出门相乘就得到了最终的输出值。

$$o_t = \sigma(W_o \cdot [h_{t-1}, x_t] + b_o) \tag{9-6}$$

$$h_t = o_t * tanh(C_t) \tag{9-7}$$

综上,通过 3 个控制门机制完成了 1 个神经元的内部处理,使得 LSTM 模型可以有效利用输入数据,高效地处理复杂长期时序动态依赖关系,从而适用于复杂的金融时间序列预测。

9.3 | 本章小结

本章回顾了机器学习和深度学习的研究方法在金融资产预测及量化投资方面的广泛应用。用于金融预测的机器学习模型有很多,本章着重介绍了 MLP 模型、RNN 模型和 LSTM 模型。在偏好于预测时间序列数据方面的深度学习算法中,应用频率较高的为循环神经网络(RNN)。但缺陷明显,原因是当 RNN 应用到时间间隔较长的序列数据时,误差无法保持在一定范围内,会出现梯度消失的问题。而 LSTM 神经网络在神经元细胞结构中增加了独特的"门结构",使其在传递误差的过程中存储重要信息学习,不管时间间隔的长短,使误差能稳定传入下一层,梯度可传递过去,有效解决梯度消失的问题。相较于 RNN,LSTM 神经网络能更迅速计算出全局最优解,但是 LSTM 结构细胞状态中增加了"遗忘门"、"输入门"、"输出门",因此模型参数、训练量将会大大增加,训练时间也将延长。因此,上述模型的有效性和适用性有待验证。

第十章　有色金属期货价格
预测模型构建

金融时间序列数据不仅受众多因素的影响,且其影响因素间也存在复杂的非线性动态交互关系。进而导致金融时间序列数据成为一个具有序列相关性、非平稳性以及非线性等特征的复杂系统。因此,构建科学有效的金融时间序列预测模型成为一项极具挑战性且具有重要学术和应用价值的工作。科学有效的金融时间序列数据预测模型,一是能够充分反映金融时间序列数据的非线性、非平稳、序列相关等复杂特征,二是可有效反映金融时间序列影响因素的非线性动态交互关系,三是具有强大且稳健的特征学习能力,以提取影响金融时间序列数据变动的重要影响信息。传统时间序列预测方法诸如 ARIMA、GARCH 等计量经济学模型通过假定具体的模型来刻画金融时间序列数据,但复杂且含有噪声的真实时间序列数据无法通过含有参数的解析方程来反映。因此,传统的计量经济模型预测方法存在一定局限性。

本章将深度学习模型应用到有色金属期货市场的价格预测研究中。首先,选择合适的学习模型,确定深度学习模型的输入与输出,并引入传统的线性预测模型 ARIMA 作为对比模型;其次,获取各有色金属期货的交易数据,并对数据进行预处理;最后,针对各期货品种的数据特征选择适当的损失函数与优化器。

10.1 │ 数据来源与样本选择

10.1.1　数据来源

为了能够充分评估机器学习和深度学习模型在有色金属期货市场上的

预测效果,本章选取了全球最有影响力的两大有色金属交易市场——伦敦金属期货交易所(LME)和上海期货交易所(SHFE)作为国外市场和国内市场的代表,对两个市场上交易的金属期货的变动情况进行预测。研究对象具体涵盖:伦敦金属期货交易所(LME)和上海期货交易所(SHFE)交易的铝、铜、镍、铅、锡和锌这六种金属期货。涉及变量包括:金属期货的开盘价、最低价、最高价、成交量以及收盘价,均为日度数据。需特别说明,由于期货数据本身并不是连续的,每个合约有到期日,所以这里的日度数据是根据当月的主力合约构建而成。数据源于 Wind 数据库和 IMF 数据库。

10.1.2　总样本区间以及训练集与测试集的划分

本章采用以下标准选取有色金属期货市场上的数据:选用自统计数据有记载之日起至 2020 年 7 月 10 日的所有交易数据,并剔除无效数据以及成交量数额为 0 的数据。将总体样本区间剔除最后 250 个交易日的数据作为训练集,为进一步细化预测效果,将对有色金属进行短期和长期预测,分别选取剩余 250 个交易日的前 20 个和前 250 个交易日作为短期和长期预测的测试集。

10.2 ┃数据预处理

在建模过程中,为消除数据间的量纲影响并提升模型的预算速度,对所有有色金属交易数据进行了零-均值规范化(Z-score 标准化)处理,转换函数公式为:

$$Z = \frac{X - \mu}{\sigma} \tag{10-1}$$

其中,X 为需要被标准化处理的原始值,即有色金属 $\hat{Y}$ 的收盘价,μ 为均值,σ 为标准差且不等于 0。Z 为经标准化处理代表有色金属收盘价和集合均值之间的距离,Z 低于均值为负数,反之为正数,范围为 $(-\infty, +\infty)$。

10.3 ┃损失函数与优化器

损失函数(Loss function)是用来估量网络模型的预测值与真实值 Y 的

不一致程度的函数,它是一个非负实值函数,通常用 $L(\hat{Y}, Y)$ 来表示,损失函数越小,模型的鲁棒性就越好。本章的目标在于预测有色金属期货未来收盘价。损失函数方面,选取误差反向传播的均方误差(Mean Square Error, MSE)作为损失函数,其本质是带有动量项的 RMSprop,它利用梯度的一阶矩估计和二阶矩估计动态调整每个参数的学习率。

$$MSE = \frac{1}{N}\sum_{i=1}^{N}(\hat{Y} - Y)^2 \qquad (10-2)$$

其中,N 为训练集中样本个数,$\hat{Y}$ 是预测值,Y 是真实值,i 表示第 i 个样本。

选择优化器方面,本章选取 Adam 优化器(Adaptive Moment Estimation,适应性矩估计)进行优化训练,Adam 的优点主要在于经过偏置校正后,每一次迭代学习率都有个确定范围,使得参数比较平稳。设置学习率为 0.0001 并根据实际情况进行动态调整,迭代次数设置为 500。

10.4 │ 模型选择

10.4.1 机器学习模型

近年来,机器学习在金融时间序列数据预测研究方面做了很多有意义的探索。例如,基于多层感知机(MLP)、BP 神经网络、K 近邻、分类与回归树、支持向量回归、高斯过程等不同机器学习算法实现对金融资产价格的预测,不少研究证实 MLP 模型在金融时间序列的预测方面具有更好的效果。作为深度学习技术的经典模型之一,长短期记忆(LSTM)神经网络在挖掘序列数据长期依赖关系中极具优势,可以反映金融时间序列数据的非线性及数据间的复杂交互关系,体现时间序列数据的序列相关特征,避免基于传统计量经济模型和浅层次机器学习的金融时间序列数据预测方法所存在的诸多问题。因此,本章在众多的机器学习模型中选择 MLP 模型和 LSTM 模型对有色金属期货价格进行预测。

MLP 模型和 LSTM 神经网络对每个有色金属期货预测思路均是:用历史 60 个交易日的交易数据对未来 1 日的有色金属期货的收盘价进行预

测,通常前 60 个交易日的交易数据已经包含足够数据可以对未来 1 日的价格进行预测,超出 60 日的交易数据对后续的影响不大。模型输入方面,本章采用有色金属期货的开盘价、收盘价、最高价、最低价以及成交量五个指标的日度数据作为模型输入,未来 1 日的有色金属期货的收盘价预测值作为模型输出。

10.4.2　线性 ARIMA 模型

自回归移动平均模型(Autoregressive Integrated Moving Average Model,ARIMA),是一种时间序列预测方法,其含义为:假设一个随机过程含有 d 个单位根,其经过 d 次差分后可以变换为一个平稳的自回归移动平均过程,则该随机过程称为单积(整)自回归移动平均过程。ARIMA($p,d,$ q)表达公式如下:

$$x_t = \sum_{i=1}^{p} \varphi_i x_{t-1} + u_t + \sum_{i=1}^{q} \theta_i u_{t-i} \qquad (10-3)$$

该公式由自回归(AR)和移动平均(MA)两部分共同构成,其中,p 是自回归阶数,φ_i 是自回归参数,x 是经过 d 阶差分后的平稳序列,q 是移动平均阶数,u_t 是 t 时刻的随机扰动项。

ARIMA 模型是统计模型中最常见的一种用来进行时间序列预测的模型,ARIMA(p,d,q)作为线性模型的代表对金融市场的预测研究贡献极大。因此,本章采用 ARIMA(p,d,q)模型作为评估 LSTM 模型的对照模型。具体预测思路是:首先对金属期货的收盘价取对数并进行一阶差分,通过 ADF 检验测试序列的平稳性;其次通过 AIC、BIC 信息准则得到最佳模型参数 ARIMA(p,d,q)并进行序列建模;最后对已建好的 ARIMA($p,d,$ q)预测。

第十一章　机器学习模型与 ARIMA 模型预测效果对比分析

本章将采用上一章中选择的机器学习模型和线性 ARIMA 模型对有色金属期货市场上交易的铝、铜、镍、铅、锡和锌六种金属期货进行实证分析，分别预测各个有色金属期货的价格走势，并与实际值之间进行比较，评价机器学习模型在有色金属期货价格预测中的效果。

11.1 ｜ 预测效果评估指数

鉴于本章针对多种有色金属进行预测效果研究，预测评价指标选择相对误差指标来衡量。本章将选用平均绝对百分比误差（Mean Absolute Percentage Error，MAPE），MAPE 值越小，代表预测精度越高，模型的预测效果越好。

$$MAPE = \frac{100\%}{n} \sum_{i=1}^{n} \left| \frac{\hat{y_i} - y_i}{y_i} \right| \qquad (11-1)$$

其中，$\hat{y_i}$ 是预测值，y_i 是真实值，n 为样本个数。

11.2 ｜ 长期预测效果对比分析

本章选用 250 个交易日的时间长度来衡量 MLP 模型、LSTM 模型和 ARIMA 模型对有色金属期货收盘价的长期预测。表 11 - 1 和表 11 - 2 展示了在上海期货交易所（SHFE）和伦敦金属期货交易所（LME）上海期货交易所（SHFE）上交易的铝、铜、镍、铅、锡和锌的预测结果。

表 11 - 1　长期(250 日)SHFE 市场有色金属期货预测结果(%)

指标	名称	MLP	LSTM	ARIMA(p,d,q)
MAPE	铝	1.62	0.66	0.58
	铜	2.27	0.98	0.68
	镍	8.73	2.10	1.31
	铅	1.26	1.07	0.77
	锡	3.74	1.39	0.94
	锌	1.29	0.79	0.78

表 11 - 2　长期(250 日)LME 市场有色金属期货预测结果(%)

指标	名称	MLP	LSTM	ARIMA(p,d,q)
MAPE	铝	2.00	0.90	0.69
	铜	2.78	1.18	0.90
	镍	2.91	1.41	1.38
	铅	1.57	1.43	1.04
	锡	2.21	1.40	0.98
	锌	1.80	1.53	1.03

　　横向观测数据,对于上海期货交易所(SHFE)和伦敦金属期货交易所(LME)来说,在六种有色金属期货的长期预测中,LSTM 模型的平均绝对百分比误差(MAPE)值均小于 MLP 模型。同时,ARIMA 模型对六种有色金属期货价格预测的 MAPE 值又均小于 LSTM 模型下的 MAPE 值。故而说明 LSTM、MLP 和 ARIMA 模型在对上海期货交易所和伦敦金属期货交易所的长期预测中,ARIMA 线性模型的预测精度最高,LSTM 模型其次,MLP 模型最后。

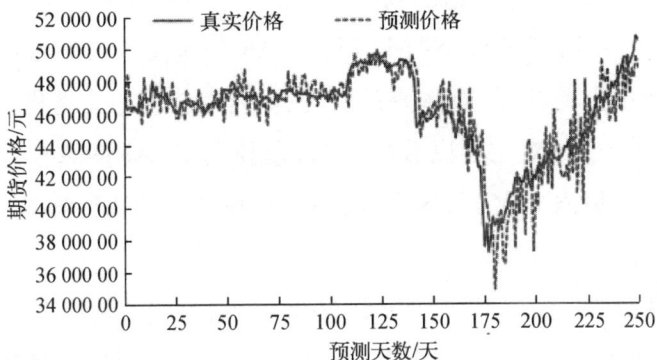

图 11‑1 MLP 模型下沪铜期货价格预测走势图

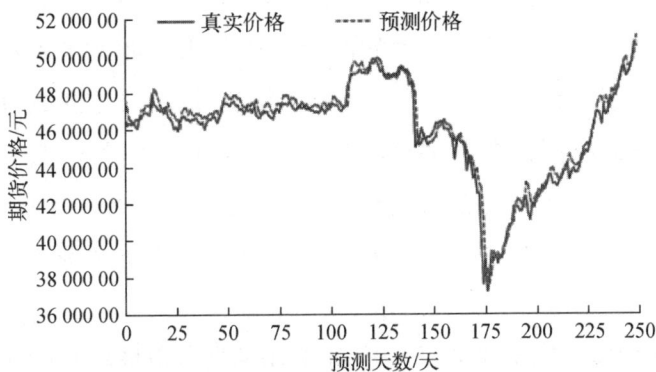

图 11‑2 LSTM 模型下沪铜期货价格预测走势图

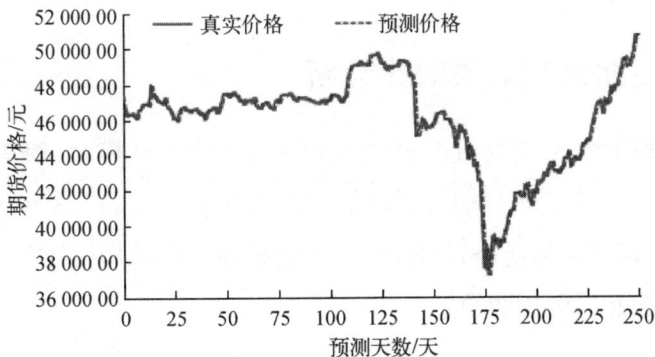

图 11‑3 ARIMA 模型下沪铜期货价格预测走势图

为了更加清晰直观地观测各个模型的预测效果,图11-1、11-2和11-3展示了 MLP 模型、LSTM 模型和 ARIMA 模型长期预测下的上海期货交易所中交易的铜(简称沪铜)有色金属期货价格走势图。由图11-1、11-2和11-3的对比可以看出,在长期预测中,ARIMA 模型对沪铜价格的预测效果整体上优于 LSTM 模型的预测效果,MLP 模型的预测效果最不理想。

纵向观测数据,在上海期货交易市场上,MLP 模型、LSTM 模型和 ARIMA 模型都同时在对镍和锡的预测上出现了较大幅度的偏差,MLP 模型、LSTM 模型的偏差尤为明显,镍的 MAPE 值分别为 8.73、2.10 和 1.31,锡的 MAPE 值分别为 3.74、1.39 和 0.94,二者是每种模型在六种有色金属期货中 MAPE 值最大的两个。预测出现如此大不稳定性的主要原因在于,镍和锡的期货合约于 2015 年 3 月 27 日才正式在上海期货交易所挂牌交易,因而两者的交易数据较少,训练集较少,导致非线性模型 MLP 和 LSTM 的训练过程受到了很大的限制,预测模型未达到收敛的效果即结束运行,故而在预测过程中出现了非常大的波动,预测效果欠佳。

而在伦敦金属期货交易所上,由于英国的期货市场起源较早,各金属期货合约挂牌交易均比较早,故而数据较为充分,六种有色金属期货价格的预测均未出现异常。

11.3 短期预测效果对比分析

本章选用 20 个交易日的时间长度来衡量 MLP 模型、LSTM 模型和 ARIMA 模型对有色金属期货收盘价的短期预测。表 11-3 和表 11-4 展示了在上海期货交易所(SHFE)和伦敦金属期货交易所(LME)交易的铝、铜、镍、铅、锡和锌的预测结果。

表 11 - 3   短期(20 日)SHFE 市场期货预测结果(%)

指标	名称	MLP	LSTM	ARIMA(p,d,q)
MAPE	铝	1.08	0.36	0.33
	铜	1.50	0.49	0.55
	镍	2.53	2.69	0.99
	铅	4.57	0.92	0.72
	锡	2.49	1.70	0.82
	锌	0.98	0.76	0.70

表 11 - 4   短期(20 日)LME 市场有色金属期货预测结果(%)

指标	名称	MLP	LSTM	ARIMA(p,d,q)
MAPE	铝	2.44	0.62	0.58
	铜	2.17	0.73	0.75
	镍	2.93	1.75	1.06
	铅	1.69	1.07	1.12
	锡	1.48	1.21	0.76
	锌	1.91	1.31	0.87

由表 11 - 3 可知,对于上海期货交易所(SHFE)来说,LSTM 神经网络模型对六种有色金属期货收盘价的短期预测中,除镍有色金属外,平均绝对百分比误差(MAPE)值均小于 MLP 模型。但与线性 ARIMA 模型相比时,LSTM 模型中,铝、铅、锌三种有色金属 MAPE 值均略大于 ARIMA 模型,镍和锡两种有色金属的 MAPE 值与 ARIMA 模型下的 MAPE 值相差较大,只有铜有色金属在 LSTM 模型下的 MAPE 值略小于 ARIMA 模型。故而表明,在上海期货交易所上交易的有色金属期货利用 ARIMA 线性模型提高短期预测的精确度较好,LSTM 模型稍逊,MLP 模型效果不理想。

由表 11 - 4 可知,对于伦敦金属期货交易所(LME)来说,LSTM 神经网络模型对六种有色金属期货收盘价的短期预测中,平均绝对百分比误差

(MAPE)值均小于 MLP 模型。同时可以发现,铝、镍、锡、锌四种有色金属期货的 LSTM 神经网络 MAPE 值大于 ARIMA 模型的 MAPE 值,说明在伦敦金属期货交易所上交易的铝、镍、锡、锌四种有色金属期货利用 ARIMA 线性模型预测效果较好,铜、铅两种有色金属在 LSTM 模型中的 MAPE 值与 ARIMA 模型下的结果相差不大,故而表明,在伦敦金属期货交易所上交易的有色金属期货利用 ARIMA 线性模型的短期预测精确度较好,LSTM 模型稍逊,MLP 模型效果不理想。

11.4 │ LSTM 模型和 ARIMA 模型预测结果综合分析

综合两个金属期货市场可以得出,在长期预测中,ARIMA 模型对六种有色金属价格的预测效果整体上优于 LSTM 模型的预测效果,MLP 模型的预测效果最不理想。

在短期预测中,ARIMA 模型和 LSTM 模型对铝、铜、铅三种有色金属价格的预测效果难分伯仲,但在镍、锡、锌三种有色金属价格的预测中 ARIMA 明显优于 LSTM 模型,MLP 模型的预测效果最不理想。

在两个金属期货市场出现上述机器学习模型和深度网络学习模型预测效果未优于线性模型的原因在于:

(1) 有色金属价格的季节分化性很强,同一季节趋势变化较为平稳,不同季节之间差异很大,容易在换季节点出现价格大幅变动并很快平稳。有色金属期货价格受到供需平衡的影响,在供应旺季和消费淡季时,价格较低,反之,在供应淡季和消费旺季时,价格较高。结合有色金属价格期货的价格发现和套期保值功能,持有该期货合约规避风险的大型企业较多,故而交易量和交易价格具有明显的季节性特征,同一季节趋势变化较为稳定,不同季节之间差异很大,容易在换季节点出现价格大幅变动并很快平稳,故而在同一季节较为符合线性模型预测的时间序列稳定性要求,并且由于线性模型预测仅考虑收盘价一个因素的影响,预测结果趋于接近滞后一日的特点,在换季节点大幅变动后很快又平稳时,线性模型能迅速跟上,而长短期记忆模型仍需考虑预测日前多个交易日的数据,故而精确性受到一定影响。

(2) 单纯使用某一有色金属期货的历史交易数据对收盘价格进行预测,对于深度学习的 LSTM 模型来说,存在数据规模不足、数据类型不够全面的问题。LSTM 深度神经网络在训练时需要大量的训练数据,对于具有海量数据的金融模型的训练和学习有着天然的优势,然而如果针对某一有色金属期货市场的价格进行预测时,仅考虑将有色金属期货自身的交易数据作为影响因素远远不够。由于有色金属属于基础金属,更多的是作为原材料应用到工业领域生产,很大程度上受到国家宏观经济预期和基本面的影响,特别是 2020 新型冠状病毒肺炎疫情的持续发酵导致市场情绪或趋于悲观,有色金属价格受到压制,故而在对单个有色金属期货价格预测的过程中还需考虑与之密切相关的宏观经济因素、政策变更以及相对应股票市场上的价格波动对其的联动影响。随着数据规模和数据类型的增加,将更多与有色金属期货价格相关的因素纳入考量进行预测分析时,LSTM 模型必将是 ARIMA 模型的最优替代之一。

11.5 | 本章小结

本章通过使用机器学习 MLP 模型和深度学习 LSTM 模型以及线性 ARIMA 模型,对上海期货交易所和伦敦金属期货交易所上交易的铝、铜、镍、铅、锡和锌这六种有色金属期货进行长期和短期的预测分析,得出以下结论:(1) 在有色金属期货市场的长期预测中,ARIMA 模型的预测表现均略优于 LSTM 模型,MLP 模型最不理想。(2) 在有色金属期货市场的短期预测中,ARIMA 模型的预测结果和 LSTM 模型相近,均优于 MLP 模型。(3) LSTM 模型与 MLP 模型相比,不论是模型的稳定性还是预测的精确度都更加出色。在探究预测有色金属期货价格时,选取的数据相对单一会造成机器学习模型预测性能得不到充分发挥,鉴于机器学习擅长挖掘变量间的非线性关系,可以用来弥补 ARIMA 模型变量间线性关系的不足,随着数据规模及类型的增加,以 LSTM 为代表的深度学习模型会更具优势。因此,通过上述模型的比较,LSTM 模型可作为 ARIMA 模型的最优替代之一。

第十二章　结论

系统性风险研究是近年来金融领域研究的热点问题之一,关于系统性风险的研究可谓成果丰硕,已有研究成果为分析系统性风险的相关问题提供了很好的视角、思路和方法。然而,目前关于金融市场的系统性风险研究主要集中于银行间市场以及股票市场,针对期货市场的系统性风险研究较少且缺乏系统性。因此,本书立足于有色金属期货市场,结合传统的金融风险分析方法,同时利用机器学习、深度学习等手段,展开了关于期货市场系统性风险度量与监测等一系列问题的讨论,并获得了丰富的研究成果。

本书主要基于 Copula-CoVaR 模型、ICA-TGARCH-M 模型、CAViaR-V 模型、深度学习 LSTM 模型、机器学习 MLP 模型以及 ARIMA 模型对期货市场系统性风险进行了有效的度量和预测。其主要内容如下:

(1) 基于 Copula-CoVaR 模型对国内外有色金属期货市场系统性风险进行度量。具体方法如下:以 Copula 方法为出发点,对变量进行正态性检验、相关性检验,以此选择最优的 Copula 函数对国内外有色金属期货市场的日收益率数据进行拟合,最终运用 Copula 函数计算推导得出风险溢出值 $\Delta\mathrm{CoVaR}$ 和风险溢出率 %CoVaR。结合实证分析结果可以得出以下结论:在国内有色金属期货市场中,沪铝对有色金属期货市场整体产生的风险溢出效应最大,而沪铅受到市场整体的风险溢出效应最大,即沪铅抵御风险能力最弱。在国内外有色金属期货市场比较中发现,国外有色金属期货市场整体对国内有色金属期货市场整体的风险溢出效应大于国内对国外的影响。此外,国外铜和锌陷入困境时对沪铜和沪锌产生的风险溢出效应较大。因此,监管部门在加强国内有色金属期货市场监管的同时,要努力提高沪铅的风险防范能力,并且密切关注国外铜、锌对国内铜、锌的影响。

(2) 基于 ICA-TGARCH-M 模型测度全球主要期货品种间的风险溢出

效应。具体方法如下：采用独立成分分析（ICA）的方法对波动溢出的风险源进行分离，获得相互独立的成分因子，并与 TGARCH-M 模型相结合，构建 ICA-TGARCH-M 模型。同时，本文以 2008 年 1 月为界，将数据分为两个时间窗口，重点考察金融危机爆发前后主要期货品种间系统性风险的溢出效应。实证结果显示：金融危机爆发前后，国内外主要期货品种的风险溢出强度存在显著差异，尤其在金融危机爆发后，各期货品种间的风险溢出效应十分显著，期货品种间的波动溢出已成为影响期货收益的主要决定因素。在此基础上，根据 ICA-TGARCH-M 模型对期货的收益进行了预测，并显示出很好的预测效果。

（3）基于 CAViaR-V 模型对我国有色金属期货市场的风险溢出性进行测度。具体方法如下：以上期有色金属指数为例，采用 CAViaR 模型测度了我国有色金属期货市场风险，并对模型加以改进，使用 CAViaR-V 模型研究了美元指数、Shibor 利率、国内股票市场、伦敦金属期货市场、纽约期货市场对我国有色金属期货市场风险的影响。实证结果显示：新构建的 CAViaR-V 模型具有较为优异的拟合效果和风险预测能力，指数的正负收益率对该市场的冲击程度存在不对称性。美元指数对我国有色金属期货市场具有显著的溢出效应。美元指数上涨，我国有色金属期货市场风险会随之增大；美元指数下降，风险会降低，且该效应存在不对称性。伦敦有色金属期货市场对该市场的风险存在溢出性，LME 基本金属指数上涨，我国有色金属期货市场风险减小。然而，上期有色金属对国内股票市场以及利率因素并不敏感。

（4）基于机器学习 MLP 模型和深度学习 LSTM 模型对国内外有色金属期货价格进行预测。具体方法为：采用有色金属期货的开盘价、收盘价、最高价、最低价以及成交量 5 个指标的日度数据作为模型输入，未来 1 日的有色金属期货的收盘价预测值作为模型输出，用 60 个交易日的历史交易数据对未来 1 日的有色金属期货的收盘价进行预测，并将预测结果与线性 ARIMA 模型进行比较。预测结果显示：在长期预测中，ARIMA 模型对六种有色金属价格的预测效果整体上优于 LSTM 模型的预测效果，MLP 模型的预测效果最不理想。在短期预测中，ARIMA 模型和 LSTM 模型对铝、铜、铅三种有色金属价格的预测效果相似,MLP 模型的预测效果最不理想。鉴于本研究中仅将有色金属期货自身的交易数据考虑其中,随着数据规模和数据类型的增加,将更多与有色金属期货价格相关的非线性因素纳入分析框架时,LSTM 模型将是 ARIMA 模型的最优替代之一。

上述研究模型及方法在度量期货市场系统性风险时具有各自的优势。其中,Copula-CoVaR 模型能有效地刻画两市场或期货品种间的相依结构,识别风险溢出方向及溢出强度,能有效地识别重要性风险源。ICA-TGARCH-M 模型不仅验证了全球主要期货品种间风险溢出的显著性,而且反映出期货市场风险溢出的主要来源,并且为多元 GARCH 模型的降维提供了有效方案。CAViaR-V 模型在结合风险的自相关性特点的基础上,可以加入外部风险因子,并考察其对市场风险的影响程度,实证结果表明该模型具有很好的适用性。深度学习 LSTM 模型则是从机器学习的角度出发,该模型擅长挖掘变量间的非线性关系,可以用来弥补 ARIMA 模型变量间线性关系的不足,随着数据规模及类型的增加,以 LSTM 为代表的深度学习模型会更具优势。

在大数据时代的今天,人工智能技术的兴起、完善和大规模金融数据的产生,为构建更有效的系统性风险监测模型提供了新的方向。在本书中,利用深度学习对有色金属期货价格进行预测时仅仅基于历史交易数据,影响资产价格走势的基本面因素以及市场情绪等指标均没有考虑其中,此外,通过百度搜索、文本挖掘等获得的文本数据也可能对资产价格的预测有进一步的引导或干预的作用,上述研究的思路也将是本人接下来进一步研究的方向。

参考文献

外文文献

[1] Acharya V. A theory of systemic risk and design of prudential bank regulation[J]. Journal of Financial Stability, 2009,5 (3):224 – 255.

[2] Acharya V, Engle R, Richardson M. Capital shortfall: a new approach to ranking and regulating systemic risks [J]. American Economic Review, 2012,102 (3): 59 – 64.

[3] Adams Z, Füss R, Gropp R. Spillover effects among financial institutions: a state-dependent sensitivity Value-at-Risk approach[J]. Journal of Financial and Quantitative Analysis, 2014, 49 (3):575 – 598.

[4] Adrian T, Brunnermeie MK. CoVaR: dataset[J]. American Economic Review, 2016,106(7):1705 – 1741.

[5] AdrianT, Brunnermeier MK. CoVaR [R]. Princeton University Working Paper, 2008.

[6] Agarwal S, Amromin G, Itzhak BD, Chomsisengphet S, Evanoff D. Predatory lending and the subprime crisis[J]. Journal of Financial Economics, 2014,113(1): 29 – 52.

[7] Allen DE, Singh AK, Powell RJ. A Gourmet's delight: CAViaR and the Australian stock market[J]. Applied Economics Letters, 2012,19 (15): 1493 – 1498.

[8] Aviral KT, Arif BD, Niyati B. Oil price and exchangerates: A wavelet based analysis for India[J]. Economic Modelling, 2013(31): 414 – 422.

[9] Bao W, Yue J, Rao YL. A deep learning framework for financial time series using stacked auto en coders and long-short term memory[J]. PLOS ONE, 2017,12(7):1 – 24.

[10] Baur DG, Dimpfl T, Jung RC. Stock return autocorrelations revisited: A quantile regression approach[J]. Journal of Empirical Finance, 2012, 19(2): 254 – 265.

[11] Beirne J, Caporale GM, Schulze GM, Spagnolo N. Global and regional spillovers in emerging stock markets: a multivariate GARCH in mean analysis[J]. Emerging Markets Review, 2010,11(3): 250 – 260.

[12] Berger T, Missong M. Financial crisis, Value-at-Risk forecasts and the puzzle of dependency modeling [J]. International Review of Financial Analysis, 2014, 33(5): 33 – 38.

[13] Bernanke BS. Global imbalances: recent developments and prospects [J]. Speech, 2007.

[14] Billio M, Casarin R, Osuntuyi A. Markov switching GARCH models for Bayesian hedging on energy futures markets [J]. Energy Economics, 2017,16:56 – 76.

[15] Bollerslev T, Engle RF, Wooldridge JM. A capital asset pricing model with time-varying covariances[J]. The Journal of Political Economy, 1998,96(1): 116 – 131.

[16] Brownlees CT, Engle RF. SRISK: a conditional capital shortfall measure of systemic risk[J]. The Review of Financial Studies, 2017, 30(1), 48 – 79.

[17] Caetano MAL, Yoneyama T. A model for the evaluation of systemic risk in stock markets[J]. Physica A: Statistical Mechanics and its Applications, 2011, 390(12): 2368 – 2374.

[18] Calice G, Chen J, Williams J. Liquidity spillovers in sovereign bond and CDS markets: An analysis of the Eurozone sovereign debt crisis

[J]. Journal of Economic Behavior & Organization, 2013,85:122 - 143.

[19] Castro C, Ferrari S. Measuring and testing for the systemically important financial institutions[J]. Journal of Empirical Finance, 2014, 25(3): 1 - 14.

[20] Chemla G,Christopher H. Skin in the game and moral hazard[J]. Journal of Finance, 2014,69 (4): 1597 - 1641.

[21] Chen J. China's stock market tail risk and return prediction: a contrastive study of VaR based on Copula and EVT[J]. Journal of Xiamen University, 2014(4): 45 - 54.

[22] Cheng WH, Hung JC. Skewness and leptokurtosis in GARCH-typed VaR estimation of petroleum and metal asset returns[J]. Journal of Empirical Finance, 2011,18(1): 160 - 173.

[23] Chernozhukov V, Du S. Extremal Quantiles and Value-at-Risk[J]. Social Science Electronic Publishing, 2008.

[24] Dunis CL, Laws J, Middleton PW, Karathanasopoulos A. Trading and hedging the corn/ethanol crush spread using time-varying leverage and nonlinear models[J]. The European Journal of Finance, 2013, 21(4):352 - 375.

[25] Chtourou H. The US home mortgage market during the financial crisis [J]. International Journal of Computational Economics & Econometrics, 2015, 5(4):122 - 138.

[26] Comon P. Independent component analysis-A new concept[J]. Signal Processing, 1994,36(3): 287 - 314.

[27] Dhar S, Mukherjee T, Ghoshal AK. Performance evaluation of neural network approach in financial prediction: evidence from Indian market[C]. International Conference on. IEEE,2010: 597 - 602.

[28] Di Persio L, Honchar O. Artificial neural networks architectures for stock price prediction: comparisons and applications[J]. International

Journal of Circuits, Systems and Signal Processing, 2016(10): 403 – 413.

[29] Drakos AA, Kouretas GP, Zarangas L. Predicting conditional autoregressive Value-at-Risk for stock markets during tranquil and turbulent periods[J]. Journal of Financial Risk Management, 2015 (4):168 – 186.

[30] Du L, He Y, Tol RSJ. Extreme risk spillovers between crude oil and stock markets[J]. Energy Economics, 2015(51):455 – 465.

[31] Ener E, Baronyan S, Mengütürk LA. Ranking the predictive performances of value-at-risk estimation methods[J]. International Journal of Forecasting, 2012, 28(4):849 – 873.

[32] Engle RF, Kroner KF. Multivariate simultaneous generalized ARCH [J]. Econometric Theory, 2000, 11(1):122 – 150.

[33] Engle RF, Lilien D, Robbins RP. Estimating time varying risk premia in the term structure: the ARCH-M model[J]. Econometrica, 1987,55(2): 391 – 407.

[34] Engle RF, Manganelli S. CAViaR: Conditional Autoregressive Value at Risk by Regression Quantiles[J]. Journal of Business & Economic Statistics, 2004, 22(4): 367 – 381.

[35] Engle RF. Dynamic conditional correlation: A simple class of multivariate generalized autoreg ressive conditional heteroskedasticity [J]. Journal of Business & Economic Statistics, 2002,20(3): 339 – 350.

[36] Fan Y, Zhang Y J, Tsai H T. Estimating 'Value at Risk' of crude oil price and its spillover effect using the GED-GARCH approach[J]. Energy Economics, 2008,30(6): 3156 – 3171.

[37] Hayat F. The validation of Granger causality through formulation and use of finance-growth-energy indexes[J]. Renewable and Sustainable Energy Reviews,2017(16):34 – 43.

［38］Gabaix X，Maggiori M. International liquidity and exchange rate dynamics[J]. The Quarterly Journal of Economics，2015,130(3)：1369 - 1420.

［39］Ghorbel A,Trabelsi A. Energy portfolio risk management using time-varying extreme value copula methods[J]. Economic Modelling，2014 (38)：470 - 485.

［40］Gong Y，Chen Q，Liang J. A mixed data sampling copula model for the return-liquidity dependence in stock index futures markets[J]. Economic Modelling，2017，68(jan.)：586 - 598.

［41］Gu S，Kelly B. Empirical asset pricing via machine learning[J]. Review of Financial Studies，2020,33(5)：2223 - 2273.

［42］Hammoudeh S，Liu TD，Chang CL，McAleer M. Risk spillovers in oil-related CDS，stock and credit markets[J]. Energy Economics，2013(36)：526 - 535.

［43］Hanson SG，Stein K. A macroprudential approach to financial regulation[J]. Journal of Economic Perspectives，2011,25(1)：3 - 28.

［44］He X，Gong P. Measuring the coupled risks：A copula-based CVaR model[J]. Journal of Computational & Applied Mathematics，2009，223(2)：1066 - 1080.

［45］Hegerty SW. Oil-price volatility and macroeconomic spillovers in central and eastern Europe：evidence from a multivariate GARCHmodel[J]. Zagreb International Review of Economics & Business，2015，18(2)：31 - 44.

［46］Hong YM. Detecting extreme risk spillover between financial markets[R]. Working Paper of Cornell University，2007.

［47］Hoque M，Obi P，Sil S. VaR and time-varying volatility：a comparative study of three international portfolios[J]. Managerial Finance，2013，39(7)：625 - 640.

[48] Hyvarinen A, Karhunen J, Oja E. Independent component analysis [M]. New York: John Wiley&Sons, 2001.

[49] Chiou I. The volatility transmission of stock returns across Asia, Europe, and North America[J]. Managerial Finance,2011,37(05): 34 – 45.

[50] Inui K, Kijima M, Kitano A. VaR is subject to a significant positive bias[J]. Statistics & Probability Letters, 2005, 72(4): 299 – 311.

[51] Jeon J, Taylor JW. Using CAViaR models with implied volatility for Value-at-Risk estimation[J]. Journal of Forecasting, 2013, 32(1), 62 – 74.

[52] Shim J. Dependency between risks and the insurer's economic capital: a copula-based GARCH model[J]. Asia-Pacific Journal of Risk and Insurance,2017,11(1):23 – 34.

[53] Jian ZH, Peng W. The overnight risk of exchange rate research based on CAViAR[J]. Chinese Journal of Management Science, 2015,23 (6): 17 – 24.

[54] Johansson AC, Ljungwall C. Spillover effects among the greater China stock markets[J]. World Development, 2009,37(4): 839 – 851.

[55] Jorion P. The Jorion-Taleb Debate[N]. Derivatives Strategy, 1997.

[56] Jorion P. Value at Risk-The New Benchmark for Managing FinancialRisk[J]. Financial Markets & Portfolio Management, 2007, 21(3):397 – 398.

[57] Kanas A, Karkalakos S. Equity flows, stock returns and exchange rates[J]. International Journal of Finance & Economics, 2017,22 (2): 159 – 168.

[58] Koenker R, Bassett G. Regression Quantiles [J]. Econometrica, 1978,46: 33 – 50.

[59] Koenker R, Zhao Q. Conditional quantile estimation and inference for

ARCH models[J]. Econometric Theory, 1996,12(5):793 - 813.

[60] Koutmos G, Booth G. Asymmetric volatility transmission in international stock markets[J]. Journal of International Money and Finance, 1995, 14(6):747 - 762.

[61] Kozul N. Value at risk as a market risk measure[J]. Montenegrin Journal of Economics, 2010(6): 145 - 148.

[62] Kumar D. Risk spillover between the GIPSI economies and Egypt, Saudi Arabia, and Turkey[J]. Emerging Markets Finance & Trade, 2015, 51(6):1193 - 1208.

[63] Kung LM, Yu SW. Prediction of index futures returns and the analysis of financial spillovers: a comparison between GARCH and the grey theorem[J]. European Journal of Operational Research, 2008,186(3): 1184 - 1200.

[64] Lees, FA. The Mexican financial crisis[J]. International Journal of Public Administration, 2000,23(5 - 8): 877 - 906.

[65] Liu C. Spillover effects in major equity markets: a GARCH BEKKapproach[J]. Open Access Library Journal, 2016, 13(2):1 - 21.

[66] LongR. Research on the dynamic relationship among China's metal futures, spot price and London's futures price[J]. International Journal of Business and Management, 2009, 3(5):34 - 42.

[67] Manera M, Nicolini M, Vignati I. Financial speculation in energy and agriculture futures markets: a multivariate GARCH approach[J]. Energy Journal,2013, 34(3):55 - 81.

[68] Mansur I, Elyasiani E. International spillover of risk and return among major banking institutions: a bivariate GARCH model[J]. Journal of Accounting Auditing & Finance, 2003, 18(2):303 - 330.

[69] Miyakoshi T. Spillovers of stock return volatility to Asian equity markets from Japan and the US[J]. Journal of International Financial

Markets, Institutions and Money, 2003,13(4): 383 - 399.

[70] Morgan J. RiskMetrics[M]. J. P. Technical document, J. P. Morgan/Reuters, New York, 1996.

[71] Ourir A, Snoussi W. Markets liquidity risk under extremal dependence: analysis with VaRs methods[J]. Economic Modelling, 2012, 29(5): 1830 - 1836.

[72] Diamandis PF. International stock market linkages: Evidence from Latin America[J]. Global Finance Journal, 2009,20(1):12 - 30.

[73] Peng W, Zeng Y. Overnight exchange rate risk based on multi-quantile and joint-shock CAViaR models[J]. Economic modelling, 2019,80(8):392 - 399.

[74] Reboredo JC, Rivera CMA, Ugolini A. Downside and upside risk spillovers between exchange rates and stock prices[J]. Journal of Banking and Finance, 2016 (62): 76 - 96.

[75] Rubia A, Sanchis-Marco L. On downside risk predictability through liquidity and trading activity: A dynamic quantile approach[J]. International Journal of Forecasting, 2013, 29(1):202 - 219.

[76] Shim J, Kim Y, Lee J. Estimating value at risk with semiparametric support vector quantile regression[J]. Computational Statistics, 2012, 27(4): 685 - 700.

[77] SuJB. Empirical analysis of long memory, leverage, and distribution effects for stock market risk estimates[J]. North American Journal of Economics & Finance, 2014, 30(nov.):1 - 39.

[78] Tambunan T. Economic crisis and vulnerability: the story from southeast Asia[M]. Nova Science Publishers, 2012.

[79] Wang L. Study on the extreme risk spillover between China and world stock market after China's share structure reform[J]. Journal of Financial Risk Management, 2014,3(2): 50 - 56.

[80] Wang XY, Song XF, Wu RM. Measuring stock market risk based on

AAVS-CAViaR model[J]. Journal of Systems Engineering, 2010,25 (3): 40 – 47.

[81] Wei G, Cui W, Ye W. Directed information graphs for the Granger causality of multivariate time series-ScienceDirect[J]. Physica A: Statistical Mechanics and its Applications, 2017, 486:701 – 710.

[82] Wen X, Nguyen DK. Can investors of Chinese energy stocks benefit from diversification into commodity futures[J]. Economic Modelling, 2017,66(11):184 – 200.

[83] Yan CR. A new method of risk measurement based on liquidity adjusted CAViaR models [J]. The Journal of Quantitative & Technical Economics, 2012,3: 151 – 160.

[84] Yan X, Lu FB, Wang SY. Comparative research between VaR and ES on international non-ferrous metal futures market[J]. Systems Engineering-Theory & Practice, 2011,31(9): 1645 – 1651.

[85] Ye WY, Zhang H, Miao BQ. Risk spillover effect between oil and exchange rates: based on MV-CAViaR model[J]. Journal of Systems Engineering, 2018,33(1): 55 – 64.

[86] Zakoian JM. Threshold heteroskedastic models [J]. Journal of Economic Dynamics and Control, 1994(18): 931 – 944.

[87] Zeng Y F, Zhang H, Economics SO. Risk measurement of CSI300 stock index futures—based on CAViaR and GARCH model [J]. Systems Engineering, 2017(3): 29 – 35.

[88] Zhang J, Wang XY. Research on interbank pledged repo rate risk based on CAViaR model[J]. Financial Theory & Practice, 2016(2): 18 – 22.

[89] Zhang Q, Huang XD, Lin XQ. Risk measurement of dynamic VaR model based on parametric and semi-parametric methods[J]. Methods Statistics & Decision, 2016,23: 15 – 20.

中文文献

[1] 柏满迎，吴琪，吴天都. 我国股票市场与基金市场间的风险溢出研究[J]. 统计研究，2014,04:110—111.

[2] 曹栋，张佳. 基于 GARCH-M 模型的股指期货对股市波动影响的研究[J]. 中国管理科学，2017,25(01):27—34.

[3] 曾裕峰，张晗. 基于 CAViaR 和 GARCH 模型的沪深 300 股指期货动态风险测度[J]. 系统工程，2017,3:29—35.

[4] 曾裕峰，简志宏，彭伟. 中国金融业不同板块间风险传导的非对称性研究——基于非对称 MVMQ-CAViaR 模型的实证分析[J]. 中国管理科学，2017,25(8):58—67.

[5] 曾志坚，张欣怡，左楠. 基于 MSV 与 CoVaR 模型的公司债市场与股票市场间风险溢出效应研究[J]. 财经理论与实践，2019,2:41—47.

[6] 柴尚蕾，郭崇慧，苏木亚. 基于 ICA 模型的国际股指期货及股票市场对我国股市波动溢出研究[J]. 中国管理科学，2011,19(3):11—18.

[7] 陈功，程希骏，马利军. 基于 CAViaR 的 DCC 模型及其对中国股市的实证研究[J]. 数学的实践与认识，2009,39(4):75—81.

[8] 陈国进，钟灵，张宇. 我国银行体系的系统性关联度分析：基于不对称 CoVaR[J]. 系统工程理论与实践，2017,37(01):63—81.

[9] 陈建宝，徐磊. 中国股票市场对利率与存款准备金调整的短期反应[J]. 数理统计与管理，2014,02:169—176.

[10] 陈金鑫，朱元倩. 基于非对称 Copula 函数的系统流动性风险研究[J]. 统计与决策，2019,35(03):164—168.

[11] 陈九生，周孝华. 基于单因子 MSV-CoVaR 模型的金融市场风险溢出度量研究[J]. 中国管理科学，2017,25(1)：21—26.

[12] 陈俊华，黄万钧. 中国西部大城市商品房价格下方风险的测度[J]. 统计与决策，2016,448(4):156—158.

[13] 陈守东，王妍. 我国金融机构的系统性金融风险评估——基于极端分位数回归技术的风险度量[J]. 中国管理科学，2014,22(7):10—17.

[14] 陈学彬，曾裕峰. 中美股票市场和债券市场联动效应的比较研究——

基于尾部风险溢出的视角[J]. 经济管理,2016,07:1—13.

[15] 董秀良,曹凤岐. 国内外股市波动溢出效应——基于多元 GARCH 模型的实证研究[J]. 数理统计与管理,2009,28(06):1091—1099.

[16] 方燕,安兴琪. 货币供应量及利率对股票市场影响研究——基于数量型和价格型货币政策的实证分析[J]. 价格理论与实践,2019,5:96—99.

[17] 高国华,潘英丽. 银行系统性风险度量——基于动态 CoVaR 方法的分析[J]. 上海交通大学学报(自然版),2011,45(12):1753—1759.

[18] 顾彦恒. 我国系统重要性银行的风险溢出效应研究[D].南京师范大学,2014.

[19] 郭树华,王华. 金属期货市场价格联动以及交易风险管理[M]. 北京:中国经济出版社,2012:64—65.

[20] 郭文伟,钟明. 基于变点 CAViaR 模型的中国房地产市场风险演化模式研究[J]. 系统工程,2017,4:9—16.

[21] 韩鑫韬,陈徐,黄党波. 我国股票市场与债券市场的溢出风险测度——来自上海证券市场的证据[J]. 经济经纬,2012,05:161—165.

[22] 何诚颖,刘林,徐向阳.外汇市场干预、汇率变动与股票价格波动——基于投资者异质性的理论模型与实证研究[J]. 经济研究,2013,10:29—42.

[23] 何嘉欢. 应用概率平滑技术修正 VaR 的历史模拟法[J].统计与决策,2014,22:11—14.

[24] 胡一博. 基于 TVP-VAR 模型的利率变动与股市波动的时变关系研究[J]. 管理现代化,2016,36(1):7—9.

[25] 黄剑. 历史模拟法诸模型的比较研究[J]. 金融研究,2010,11:180—188.

[26] 贾馨云,苏应生,高春燕. VaR 模型在股市风险分析中的应用及实证分析[J].中国管理科学,2012,22:336—341.

[27] 简志宏,彭伟. 基于 CAViaR 模型的汇率隔夜风险研究[J]. 中国管理科学,2015,23(6):17—24.

[28] 江春，司登奎，李小林等. 人民币汇率预期影响股价的微观机理及经验证据[J]. 世界经济研究，2015,12:12—23.

[29] 蒋涛，田甜 康弘. 基于copula-CAViaR模型的股票市场风险分析[J]. 经济论坛，2012,10:74—78.

[30] 寇明婷，杨海珍，肖明. 中国股票市场与货币政策的互动关系——基于股指期货推出前后的比较研究[J]. 管理评论，2016,28(04):21—29.

[31] 李斌，邵新月，李玥阳. 机器学习驱动的基本面量化投资研究[J]. 中国工业经济，2019(08):61—79.

[32] 李成，马文涛，王彬. 我国金融市场间溢出效应研究——基于四元VaR-GARCH(1,1)-BEKK模型的分析[J]. 数量经济技术经济研究，2010,6:3—19.

[33] 李丛文，闫世军. 我国影子银行对商业银行的风险溢出效应——基于GARCH-时变Copula-CoVaR模型的分析[J]. 国际金融研究，2015,10:64—75.

[34] 李月琪，李丛文. 沪、港股市联动与风险溢出效应研究——基于沪港通实施前后对比分析[J]. 上海金融，2017,10:70—80.

[35] 李政，郝毅，袁瑾. 在岸离岸人民币利率极端风险溢出研究[J]. 统计研究，2018,35(2):29—39.

[36] 梁仁方，靳明，沈丹薇. 原油期货与PTA期货的风险溢出效应——基于Copula-CoVaR模型的研究[J]. 财经问题研究，2016,07:54—59.

[37] 刘超，徐君慧，周文文. 中国金融市场的风险溢出效应研究——基于溢出指数和复杂网络方法[J]. 系统工程理论与实践，2017,37(04):831—842.

[38] 刘海云，吕龙. 全球股票市场系统性风险溢出研究——基于△CoVaR和社会网络方法的分析[J]. 国际金融研究，2018,374(06):24—35.

[39] 刘辉，姚海祥，马庆华. 波动性变化下的VaR历史模拟法实证研究[J]. 运筹与管理，2017(12):112—118.

[40] 刘建和，王勇，王玉斌. 沪铜期货还是伦铜期货的影子市场吗？[J].

财经论丛,2018(4):56—65.

[41] 刘向丽,顾舒婷.房地产对金融体系风险溢出效应研究——基于 AR-GARCH-CoVaR 方法[J].系统工程理论与实践,2014,34:106—111.

[42] 刘小瑜,李浩.基于 EVT-CAViaR 模型的原油价格极端风险度量[J].经济数学,2018,35(1):1—5.

[43] 刘晓星,段斌,谢福座.股票市场风险溢出效应研究:基于 EVT-Copula-CoVaR 模型的分析[J].世界经济,2011,11:145—159.

[44] 刘晓云,应瑞瑶,王陆.股票市场风险溢出效应测度——基于欧债危机的分析[J].江苏社会科学,2013,03:49—54.

[45] 路妍,方草.美国量化宽松货币政策调整对中国短期资本流动的影响研究[J].宏观经济研究,2015,02:134—137.

[46] 马麟.我国商业银行系统性风险及溢出效应研究[J].宏观经济研究,2017,11:30—37.

[47] 米咏梅,王宪勇.我国金融市场的风险溢出效应分析[J].财经问题研究,2014,11:63—67.

[48] 潘慧峰,张金水.国内外石油市场的极端风险溢出检验[J].中国管理科学,2007,15(3):25—30.

[49] 彭伟,曾裕峰,袁阳阳.基于门限加权不对称斜率模型的 CAViaR 研究[J].系统管理学报,2016,25(3):439—447.

[50] 彭燕,刘宇红,张荣芬.基于 LSTM 的股票价格预测建模与分析[J].计算机工程与应用,2019,55(11):209—212.

[51] 沈丹薇.基于 Copula-CoVaR 的原油期货与 PTA 期货的风险溢出效应研究[D].浙江财经大学,2016.

[52] 沈虹,何启志.国内外期货市场传染性风险溢出性研究——基于独立成分分析方法[J].财贸研究,2014,05:99—106.

[53] 沈虹.中国期货市场投资者策略分析与实证研究[J].管理评论,2012,24(5):60—65.

[54] 沈悦,戴士伟,罗希.中国金融业系统性风险溢出效应测度研究[J].当代经济科学,2014,06:30—38+123.

[55] 石智超,许争,陈瑞.中国股票市场与商品期货市场传导关系实证分析——基于风险 Granger 因果检验的研究[J].金融理论与实践,2016,02:82—89.

[56] 宋刚,张云峰,包芳勋,秦超.基于粒子群优化 LSTM 的股票预测模型[J].北京航空航天大学学报,2019,45(12):2533—2542.

[57] 王道平,范小云,陈雷.可置信政策、汇率制度与货币危机:国际经验与人民币汇率市场化改革启示[J].经济研究,2017,12:119—133.

[58] 王红,丁媛,汪洋.中美利差、汇率预期对资产价格的时变影响研究[J].武汉金融,2017,09:9—16.

[59] 王家辉.上海期货交易所金属铜国际定价能力研究[J].上海金融,2008,06:48—51.

[60] 王恺忱.银行系统性金融风险溢出效应分析[D].兰州财经大学,2017.

[61] 王胜邦,张漫春.市场风险资本监管制度的演进:以 VaR 模型为重点的研究[J].国际金融研究,2011,11:65—74.

[62] 王世华,何帆.中国的短期国际资本流动:现状、流动途径和影响因素[J].世界经济,2007,07:14—21.

[63] 王新宇,宋学锋,吴瑞明.基于 AAVS-CAViaR 模型的股市风险测量研究[J].系统工程学报,2010,25(3):40—47.

[64] 王一林.中美豆粕期货市场风险溢出效应分析[D].浙江财经大学,2015.

[65] 王周伟,吕思聪,茆训诚.基于风险溢出关联特征的 CoVaR 计算方法有效性比较及应用[J].经济评论,2014,04:148—160.

[66] 文宇.基于 CNN-LSTM 网络分析金融二级市场数据[J].电子设计工程,2018,26(17):75—79+84.

[67] 翁志超,颜美玲.互联网金融对商业银行的系统性风险溢出效应测度[J].统计与决策,2019(22):159—163.

[68] 项歌德,沈开艳.股指期货市场的价格发现与风险波动溢出效应实证研究——以中国沪深 300 股指期货市场为例[J].上海金融,2012

(06):65—73.

[69] 徐炜,黄炎龙.GARCH 模型与 VaR 的度量研究[J]. 数量经济技术经济研究,2008,25(1):120—132.

[70] 徐亚力. 我国商业银行影子业务的风险溢出效应研究[D]. 云南财经大学,2017.

[71] 徐映梅,徐璐. 中国金融业跨市场风险测度与分析——基于 GARCH-Copula-CoVaR 模型[J]. 统计与信息论坛,2015,04:29—33.

[72] 徐忠,张雪春,邹传伟. 房价、通货膨胀与货币政策——基于中国数据的研究[J]. 金融研究,2012,06:5—16.

[73] 许启发,伯仲璞,蒋翠侠. 基于分位数 Granger 因果的网络情绪与股市收益关系研究[J]. 管理科学,2017,30(03):147—160.

[74] 闫昌荣. 基于流动性调整 CAViaR 模型的风险度量方法[J]. 数量经济技术经济研究,2012,03:151—160.

[75] 严伟伟. 黄金市场风险溢出效应研究[D]. 浙江工商大学,2014.

[76] 严伟祥,张维,牛华伟. 金融风险动态相关与风险溢出异质性研究[J]. 财贸经济,2017,10:67—81.

[77] 杨青,王晨蔚. 基于深度学习 LSTM 神经网络的全球股票指数预测研究[J]. 统计研究,2019,36(03):65—77.

[78] 杨娴,陆凤彬,汪寿阳. 国际有色金属期货市场 VaR 和 ES 风险度量功效的比较[J]. 系统工程理论与实践,2011,31(9):1645—1651.

[79] 叶莉,王远哲. 机构困境关联下风险溢出网络研究——基于我国上市金融机构的实证[J]. 金融理论与实践,2019,474(01):66—73.

[80] 叶五一,张浩,缪柏其. 石油和汇率间风险溢出效应分析——基于 MV-CAViaR 模型[J]. 系统工程学报,2018,33(1):55—64.

[81] 余白敏,吴卫星. 基于"已实现"波动率 ARFI 模型和 CAViaR 模型的 VaR 预测比较研究[J]. 中国管理科学,2015,23(2):50—58.

[82] 张晨,丁洋,汪文隽. 国际碳市场风险价值度量的新方法——基于 EVT-CAViaR 模型[J]. 中国管理科学,2015,23(11):12—20.

[83] 张俊,王晓莹. 基于 CAViaR 模型的银行间质押回购利率风险研究

[J]. 金融理论与实践,2016,02:18—22.

[84] 张琼,黄旭东,林雪勤. 参数法、半参数法的动态 VaR 模型风险度量[J]. 统计与决策,2016,23:15—20.

[85] 张瑞锋,张世英,唐勇. 金融市场波动溢出分析及实证研究[J]. 中国管理科学,2006,14(5):14—22.

[86] 张瑞锋,张世英. 基于 ICA-SV 模型的金融市场协同波动溢出分析及实证研究[J]. 数学的实践与认识,2008,38(23):30—39.

[87] 张颖,张富祥. 分位数回归的金融风险度量理论及实证[J]. 数量经济技术经济研究,2012,04:95—109.

[88] 赵方华,张雯,何伦志. 美元指数波动对我国资本流动的非对称效应研究——基于 MS-VAR 模型的分析[J]. 金融与经济,2019,501(05):11—16.

[89] 赵留彦,王一鸣. A、B 股之间的信息流动与波动溢出[J]. 金融研究,2003,10:37—52.

[90] 周爱民,韩菲. 股票市场和外汇市场间风险溢出效应研究——基于GARCH-时变 Copula-CoVaR 模型的分析[J]. 国际金融研究,2017,11:54—64.

[91] 周爱民,韩菲. 股票市场和外汇市场间风险溢出效应研究——基于GARCH-时变 Copula-CoVaR 模型的分析[J]. 国际金融研究,2017,367(11):56—66.

[92] 周亮,李红权. 金融业系统性风险溢出的非对称性研究[J]. 北京工商大学学报(社会科学版),2019,06:64—75.

[93] 周天芸,杨子晖,余洁宜. 机构关联、风险溢出与中国金融系统性风险[J]. 统计研究,2014,11:45—51.

[94] 周伟,何建敏. 我国金属期货市场交叉影响及其传导效应实证[J]. 上海经济研究,2011,08:63—70.

[95] 周伟,何建敏,余德建. 多元随机风险传染模型及沪铜场内外风险传染实证[J]. 中国管理科学,2012,20(3):70—78.

附录　部分程序代码

一、CAViaR 模型估计 Matlab 代码

1. CAViaR_AS 模型估计

```
function results=caviar_estimation(data,sample_out,theta)
T=size(data,1);
information_start=data(1,:);
information_in=data(2:T-sample_out,:)
information_start(1)=data(1,1)
information_start(2)=data(1,2)
information_out=data(T-sample_out+1:end,:)
T_in=size(information_in,1)
rate0=data(1:300,1)
caviar_start=-quantile(rate0,theta)
options=optimset('MaxFunEvals',10000,'display','off','MaxIter',10000,
'TolFun',1e-10,'TolX',1e-10)
warning off
rand('seed',50)
param_sample=unifrnd(0,1,100,5)
RQ_sample=zeros(100,1)
RQ_sample_c=zeros(100,2)
for i=1:length(param_sample)
  RQ_sample(i)=RQ_function(param_sample(i,:),theta,caviar_start,
  information_start,information_in)
  RQ_sample_c(i,1)=i
```

```
  RQ_sample_c(i,2)＝RQ_sample(i)
end
RQ_sample_c＝sortrows(RQ_sample_c,2)
for i＝1:15
  optimize_start(i,:)＝param_sample(fix(RQ_sample_c(i,1)),:)
end
for i＝1:15
[param_NQ(i,:),RQ_NQ(i,1)]＝fminsearch(@(param)RQ_function
(param,theta,caviar_start,information_start,information_in),optimize_
start(i,:),options)
end
param_all＝sortrows([RQ_NQ,param_NQ])
param＝param_all(1,2:end)
[caviar_in,P_param,DQ_in,P_DQ_in,failure_ratio_in]＝model_test_in
(param,theta,caviar_start,information_start,information_in)
[caviar_out,DQ_out,P_DQ_out,failure_ratio_out]＝model_test_out
(param,data,sample_out,theta)
results.param ＝ param;
resulrs.RQ ＝ param_all(1,1);
results.caviar_in ＝ caviar_in;
results.P_param ＝ P_param;
results.DQ_in ＝ DQ_in;
results.P_DQ_in ＝ P_DQ_in;
results.failure_ratio_in ＝ failure_ratio_in;
results.caviar_out ＝ caviar_out;
results.DQ_out ＝ DQ_out;
results.P_DQ_out ＝ P_DQ_out;
results.failure_ratio_out＝failure_ratio_out;
```

2. RQ 函数

```
function
total_lost＝RQ_function(param,theta,caviar_start,information_start,
information_in)
total_lost＝0
caviar＝param(1)＋param(2)＊caviar_start＋param(3)＊abs(information_
start(1)).＊(information_start(1)＞0)＋param(4)＊abs(information_
start(1)).＊(information_start(1)＜0)＋param(5)＊information_start(2)
epsilon＝information_in(1,1)＋caviar
total_lost＝epsilon＊(theta-zhishi_function(epsilon))
for i＝1:size(information_in,1)－1
  caviar＝param(1)＋param(2)＊caviar＋param(3)＊abs(information_in
  (i,1)).＊(information_in(i,1)＞0)＋param(4)＊abs(information_in(i,
  1)).＊(information_in(i,1)＜0)＋param(5)＊information_in(i,2)
  epsilon＝information_in(i+1,1)＋caviar
  total_lost＝epsilon＊(theta-zhishi_function(epsilon))＋total_lost
end
```

3. 样本内检验

```
function[caviar,P_param,DQ_in,P_DQ_in,failure_ratio_in]＝model_test_
in(param,theta,caviar_start,information_start,information_in)
caviar＝zeros(size(information_in,1),1)
epsilon＝zeros(size(information_in,1),1)
T＝size(information_in,1)
caviar(1,1)＝param(1)＋param(2)＊caviar_start＋param(3)＊abs
(information_start(1,1)).＊(information_start(1,1)＞0)＋param(4)＊
abs(information_start(1,1)).＊(information_start(1,1)＜0)＋param(5)
＊information_start(1,2)
epsilon(1,1)＝information_in(1,1)＋caviar(1,1)
for i＝1:size(information_in,1)－1
```

```
caviar(i+1,1)＝param(1)＋param(2) * caviar(i,1)＋param(3) * abs
(information_in(i,1)). * (information_in(i,1)＞0)＋param(4) * abs
(information_in(i,1)). * (information_in(i,1)＜0)＋param(5) *
information_in(i,2)
epsilon(i+1,1)＝information_in(i+1,1)＋caviar(i+1,1)
end
bandwidth＝sort(abs(epsilon))
if theta==0.05||theta==0.95
 k＝60
elseif theta==0.01||theta==0.99
 k＝40
else
 erros('the bandwidth is absence')
end
CT_in＝bandwidth(k)
gradient_sample＝zeros(size(information_in,1),5)
for i＝2:size(information_in,1)
 gradient_sample(i,1)＝1＋param(2) * gradient_sample(i-1,1)
 gradient_sample(i,2)＝caviar(i-1,1)＋param(2) * gradient_sample(i-
1,2)
 gradient_sample(i,3)＝param(2) * gradient_sample(i-1,3)＋
information_in(i-1,1) * (information_in(i-1,1)＞0)
 gradient_sample(i,4)＝param(2) * gradient_sample(i-1,4)－
information_in(i-1,1) * (information_in(i-1,1)＜0)
 gradient_sample(i,5)＝param(2) * gradient_sample(i-1,5)＋
information_in(i-1,2)
end
wald_E＝[eye(length(param),length(param))]
epsilon_D＝abs(epsilon)－CT_in
```

```
wald_D=0
for i=1:T
 wald_D=zhishi_function(epsilon_D(i)) * gradient_sample(i,:)' *
gradient_sample(i,:)+
 wald_D
end
wald_DQ=0
for i=5:T
 wald_DQ=zhishi_function(epsilon_D(i)) * gradient_sample(i,:)' *
 gradient_sample(i,:)+wald_DQ
end
wald_DQ=(2 * T * CT_in)^(-1) * wald_DQ
wald_DT=(2 * T * CT_in)^(-1) * wald_D
wald_AT=T^(-1) * theta * (1-theta) * gradient_sample' * gradient
_sample
for i=1:length(wald_E)
 wald_param(i)=T * wald_E(i,:) * param' * inv(wald_E(i,:) * inv(wald
_DT) * wald_AT * inv
 (wald_DT) * wald_E(i,:)') * wald_E(i,:) * param'
 P_param(i)=1-chi2cdf(wald_param(i),1)
end
for i=1:T
 DQ_Hit_in(i,1)=zhishi_function(epsilon(i))-theta
end
DQ_X=[ones(T-4,1),caviar(5:T,1),DQ_Hit_in(4:T-1,1),DQ_Hit_
in(2:T-3,1),DQ_Hit_in(1:T-4,1)]
DQ_M_part=0
for i=1:T-4
 DQ_M_part1=zhishi_function(epsilon_D(4+i)) * DQ_X(i,:)' * gradient
```

```
_sample(4+i,:)
 DQ_M_part=DQ_M_part+DQ_M_part1
end
DQ_M=DQ_X'-(2*T^CT_in)^(-1)*DQ_M_part*inv(wald_DQ)*
gradient_sample(5:T,:)'
DQ_in=1/theta/(1-theta)*DQ_Hit_in(5:T)'*DQ_X*inv(DQ_M*
DQ_M')*DQ_X'*DQ_Hit_in(5:T)
P_DQ_in=1-chi2cdf(DQ_in,size(DQ_X,2))
if theta>0.5
 for i=1:length(epsilon)
  u_hong_in(i,1)=zhishi_function(-epsilon(i))
 end
else
 for i=1:length(epsilon)
  u_hong_in(i,1)=zhishi_function(epsilon(i))
 end
end
failure_ratio_in=sum(u_hong_in)/T
```

4. 样本外检验

```
function[caviar,DQ_out,P_DQ_out,failure_ratio_out]=model_test_out
(param,data,sample_out,theta)
T=size(data,1)-1
information_start=data(1,:)
information_in=data(2:end,:)
rate0=data(1:300,1)
caviar_start=-quantile(rate0,theta)
caviar(1,1)=param(1)+param(2)*caviar_start+param(3)*abs
(information_start(1,1)).*(information_start(1,1)>0)+param(4)*
abs(information_start(1,1)).*(information_start(1,1)<0)+param(5)
```

```
* information_start(1,2)
epsilon(1,1)=information_in(1,1)+caviar(1,1)
for i=1:size(information_in,1)-1
  caviar(i+1,1)=param(1)+param(2) * caviar(i,1)+param(3) * abs
  (information_in(i,1)). * (information_in(i,1)>0)+param(4) * abs
  (information_in(i,1)). * (information_in(i,1)<0)+param(5) *
  information_in(i,2)
  epsilon(i+1,1)=information_in(i+1,1)+caviar(i+1,1)
end
caviar_out=caviar(end-sample_out+1:end,1)
epsilon_out=epsilon(end-sample_out+1:end,1)
for i=1:sample_out
 ·DQ_Hit_out(i,1)=zhishi_function(epsilon_out(i))-theta
end
DQ_X_out=[ones(sample_out-4,1),caviar_out(5:sample_out),DQ_Hit
_out(4:sample_out-1),DQ_Hit_out(3:sample_out-2),DQ_Hit_out(2:
sample_out-3),DQ_Hit_out(1:sample_out-4)]
DQ_out=1/theta/(1-theta) * DQ_Hit_out(5:sample_out)' * DQ_X_out
 * inv(DQ_X_out' * DQ_X_out) * DQ_X_out' * DQ_Hit_out(5:sample_
out)
P_DQ_out=1-chi2cdf(DQ_out,size(DQ_X_out,2))
if theta>0.5
  for i=1:length(epsilon_out)
   u_hong_out(i,1)=zhishi_function(-epsilon_out(i))
  end
else
  for i=1:length(epsilon_out)
   u_hong_out(i,1)=zhishi_function(epsilon_out(i))
  end
```

```
end
failure_ratio_out=sum(u_hong_out)/sample_out
```

二、LSTM 模型 python 代码

```python
rnn_unit=10
input_size=5
lstm_layers =2
output_size=1
lr=0.0006
#------------------------------------定义神经网络变量--
----------------------------------
weights={
        'in':tf.Variable(tf.random.normal([input_size,rnn_unit])),
        'out':tf.Variable(tf.random.normal([rnn_unit,1]))
        }
biases={
        'in':tf.Variable(tf.constant(0.1,shape=[rnn_unit,])),
        'out':tf.Variable(tf.constant(0.1,shape=[1,]))
        }
keep_prob =tf.placeholder(tf.float32, name='keep_prob')


def lstmCell():
    basicLstm=tf.nn.rnn_cell.BasicLSTMCell(rnn_unit,forget_bias=0.
7,state_is_tuple=True)
return basicLstm


def lstm(X):
    batch_size=tf.shape(X)[0]
    time_step=tf.shape(X)[1]
    w_in=weights['in']
```

```
        b_in=biases['in']
        input=tf. reshape(X,[-1,input_size])
        input_rnn=tf. matmul(input,w_in)+b_in
        print('input_rnn:', input_rnn. shape)
        input_rnn=tf. reshape(input_rnn,[-1,time_step,rnn_unit])
        print('input_rnn:', input_rnn. shape)
        cell = tf. nn. rnn_cell. MultiRNNCell([lstmCell() for i in range(lstm_
layers)])
        init_state = cell. zero_state(batch_size, dtype=tf. float32)
        output_rnn,final_states=tf. nn. dynamic_rnn(cell,input_rnn,initial_
state=init_state, dtype=tf. float32)
        output = final_states[-1]. h
        print('output:', output. shape)
        output=tf. reshape(output,[-1,rnn_unit])
        print('output:', output)
        w_out=weights['out']
        b_out=biases['out']
        output=tf. layers. dropout(output,rate=keep_prob)
        pred=tf. matmul(output,w_out)+b_out
        print('pred:', pred)
        return pred,final_states[-1]. h, output_rnn


#----------------------------------------获取训练
集-------------------------------------
def get_train_data(batch_size=60,time_step=60,train_begin=0, train_
end=5836):
        data, data_name = read_data()
        batch_index=[]
        data_train=data[train_begin:train_end]
```

```
    normalized_train_data=(data_train-np.mean(data_train,axis=
0))/np.std(data_train,axis=0)
    train_x, train_y = [], []
    for i in range(len(normalized_train_data)-time_step):
        if i % batch_size==0:
            batch_index.append(i)
        x = normalized_train_data[i:i+time_step,:5]
        y = normalized_train_data[i+time_step, 4, np.newaxis]
        train_x.append(x.tolist())
        train_y.append(y.tolist())
    batch_index.append((len(normalized_train_data)-time_step))
    return batch_index,train_x,train_y


#-----------------------------------------获取测
试集-----------------------------------------
def get_test_data(time_step=60,train_begin=0,train_end=5836,test_
begin=5836, test_end=6146):
data, data_name = read_data()
    data_test=data[test_begin:test_end]
    data_train =data[train_begin:train_end]
    mean = np.mean(data_train, axis=0)
    std = np.std(data_train, axis=0)
    normalized_test_data=(data_test-mean)/std
    test_x,test_y=[],[]
    for i in range(len(normalized_test_data)-time_step):
        x=normalized_test_data[i:i+time_step, :5]
        y=normalized_test_data[i+time_step,-1]
        test_x.append(x.tolist())
        test_y.extend([y])
```

```
        test_x＝np. array(test_x)
        test_y＝np. array(test_y)
        print("test_x:",test_x. shape)
        print("test_y:",test_y. shape)
        return mean,std,test_x,test_y
#------------------------------------------训练模
型------------------------------------------
def train_lstm(batch_size＝60,time_step＝60,train_begin＝0,train_end＝
5836):
        X＝tf. placeholder(tf. float32, shape＝[None, time_ step, input_
size])
        Y＝tf. placeholder(tf. float32, shape＝[None, output_size])
        batch_index, train_x, train_y＝get_ train_data(batch_size, time_
step,train_begin,train_end)
        pred, new_state, output_rnn ＝ lstm(X)
        loss＝tf. reduce_mean(tf. square(tf. reshape(pred,[－1])－tf.
reshape(Y, [－1])))
        global_step ＝tf. Variable(0)
        train_op＝tf. train. AdamOptimizer(lr). minimize(loss)
        saver＝tf. train. Saver(tf. global_variables(),max_to_keep＝15)
        print("batch_index:",batch_index)
        with tf. Session() as sess:
            sess. run(tf. global_variables_initializer())
            for i in range(500):
                for step in range(len(batch_index)－1):
                    _,loss_＝sess. run([train_op,loss],feed_dict＝{X:
train_x[batch_index[step]:batch_index[step＋1]],Y:train_y[batch_index
[step]:batch_index[step＋1]],keep_prob: 0. 5})
                if (i＋1) ％ 10 ＝＝ 0:
```

171

```
            print("Number of iterations:", i, " loss:", loss_)
        if (i+1) % 100==0:
            print("保存模型:",saver. save(sess,'lstm_model/
future. model',global_step=i))


#--------------------------------------预测模型
--------------------------------------
def prediction(time_step=60):
    X = tf. placeholder(tf. float32, shape = [None, time_step, input_
size])
    mean,std,test_x,test_y=get_test_data(time_step)
    pred, new_state, output_rnn = lstm(X)
    saver=tf. train. Saver(tf. global_variables())
    with tf. Session() as sess:
        module_file = tf. train. latest_checkpoint('lstm_model')
        saver. restore(sess, module_file)
        test_predict=[]
        for step in range(len(test_x)):
            pred_np= sess. run(pred,feed_dict={X:[test_x[step]],
keep_prob: 1. 0})
            predict=pred_np. reshape((-1))
            test_predict. append(predict[-1])
        test_y=np. array(test_y) * std[-1]+mean[-1]
        test_predict=np. array(test_predict) * std[-1]+mean[-1]
        L1_loss=np. mean(np. abs(test_predict-test_y)/test_y)
        test_x=np. array(test_x)
        print("L1_loss:",L1_loss)
        print("test_x:",test_x. shape)
        print("test_y:",test_y. shape)
```

```
        print("test_predict:",test_predict. shape)


if __name__ == '__main__':
    if not os. path. isdir('lstm_model'):
        os. mkdir('lstm_model')
    train_lstm(time_step=60)
    prediction(time_step=60)
```